Rheinisch-Westfälische Akademie der Wissenschaften

Geisteswissenschaften Vorträge G 179

Herausgegeben von der
Rheinisch-Westfälischen Akademie der Wissenschaften

FRIEDRICH NOWAKOWSKI

Probleme der österreichischen Strafrechtsreform

Westdeutscher Verlag · Opladen

171. Sitzung am 24. November 1971 in Düsseldorf

ISBN 978-3-531-07179-4
DOI 10.1007/978-3-322-88224-0
ISBN 978-3-322-88224-0 (eBook)

ISBN 978-3-531-07179-4

Gesamtherstellung: Westdeutscher Verlag GmbH

Inhalt

Gegenwärtig ist es undankbar, über das Thema „Probleme der österreichischen Strafrechtsreform" in der BRD zu sprechen. Hier wie dort sind dem Gesetzgeber im wesentlichen die gleichen Probleme aufgegeben, stehen einander die gleichen kriminalpolitischen Auffassungen gegenüber und bestehen demgemäß die gleichen Spannungsfelder. Im Entwicklungsstadium der Reformbestrebungen hat sich jedoch seit deren Wiederaufnahme nach 1945 ein Positionswechsel vollzogen. Die österreichischen Kommissionsentwürfe (1960, 1962) waren zunächst wesentlich reformfreudiger als die deutschen Entwürfe. Aber dann setzte in Österreich eine rückläufige Entwicklung ein, die in der Regierungsvorlage 1968 gipfelte. In der BRD stieß der Alternativentwurf 1966 dagegen weiter vor, als es die österreichische Strafgesetzkommission getan hatte. Die Reformgesetze des Jahres 1969 haben Österreich überholt. Die österreichische Regierungsvorlage 1971 holt diesen Rückstand – wennschon durchaus unter Wahrung österreichischer Traditionen – wieder auf.

A.
Zum politischen Schicksal der Strafrechtsreform

Die Entwicklung in Österreich war von innenpolitischen Faktoren mitbestimmt. Probleme der Legislative haben ja immer eine politische Seite. Auch ein Vortrag über Probleme der österreichischen Strafrechtsreform darf sinnvollerweise nicht im elfenbeinernen Turm verharren, sondern muß diese Bezüge erkennen lassen.

a) Die Strafrechtsreform vor 1938

Die österreichische Strafrechtsreform hat eine mehr als 100jährige Geschichte. Das geltende österreichische Strafgesetz stammt im wesentlichen aus dem Jahre 1803, aber geht in wichtigen Bestimmungen auf die Josephina des Jahres 1787 zurück. Schon 1850 wurde eine Gesamtreform vorgeschlagen. Aber die Zeit war nicht geeignet. Die Stürme des Jahres 1848 waren noch nicht überwunden, der Kampf zwischen absoluter Monarchie und konstitutionellen Forderungen noch nicht entschieden. So wurde das Strafgesetz von 1852 nur eine Überarbeitung des Gesetzes von 1803. Vielfach novelliert und durch Nebengesetze ergänzt, gilt es noch heute. Aber schon im Jahre 1861 erging der Auftrag, ein völlig neues Strafgesetzbuch zu schaffen. 1867 wurde eine Regierungsvorlage im Abgeordnetenhaus eingebracht. Sie stieß von Anfang an auf Kritik, vor allem deshalb, weil sie allzu viele Taten als Verbrechen qualifizierte und das Strafensystem auf die Gegenüberstellung von entehrenden und nicht entehrenden Strafen aufbaute. Nach der Auflösung des Abgeordnetenhauses 1870 wurde ein neuer Entwurf erarbeitet. Ein wesentlicher Impuls dazu ging vom Reichsstrafgesetzbuch aus. Der Entwurf 1874 war weitgehend von ihm beeinflußt. In verschiedenen Fassungen wurde er bis 1895 im Reichsrat behandelt. Dann wurde er als veraltet zurückgezogen. Im großen Schulenstreit war offenbar geworden, daß das Reichsstrafgesetzbuch kein Vorbild war. Die Kompromißformel, die *Carl Stooß* mit der Zweispurigkeit von Strafen und Maßnahmen der Besserung oder Sicherung entwickelt hatte, ermöglichte es, die Arbeit wieder aufzunehmen. So kam es zum Vorentwurf 1909 und zu dem Entwurf, der 1912 eingebracht wurde. Die Arbeit des Reichsrats blieb im Ersten Weltkrieg stecken. Man hätte sie nach 1918 weiterführen können, der Entwurf war nicht grundsätzlich überholt. Aber man opferte ihn dem Ziel einer Rechtsvereinheitlichung mit Deutschland. Es kam zu den gemeinsamen Entwürfen 1925 und 1927. Dieser Versuch scheiterte an der innenpolitischen Entwicklung in Deutschland und in Österreich.

b) Die Strafrechtsreform von 1945 bis zur Gegenwart

Nach 1945 war man sich der Notwendigkeit und Dringlichkeit der Strafrechtsreform bald wieder bewußt. Aber man zweifelte, ob es günstig sei, die Arbeit unter dem Besatzungsregime aufzunehmen. Auf einer Enquete, die 1954 im Auftrag des Nationalrats einberufen worden war, wurde die Frage jedoch überwiegend bejaht. Daraufhin forderte der Nationalrat das Bundesministerium für Justiz in einer einstimmigen Entschließung auf, eine Kommission zur Ausarbeitung eines Strafgesetzentwurfes zu berufen und dringende Teilreformen im Hinblick auf die Gesamtreform ohne Zeitverlust zu verwirklichen.

Der Schwerpunkt der weiteren Entwicklung lag zunächst nicht beim Bundesministerium für Justiz. Dem Auftrag des Nationalrats entsprechend berief dieses eine Kommission ein. Sie bestand zunächst aus 18, später (für den Besonderen Teil) aus 20 Mitgliedern. Mit wenigen Ausnahmen waren sie von Institutionen und Vereinigungen (Universitäten, Oberster Gerichtshof, Generalprokuratur, Verein der Richter und Staatsanwälte, Rechtsanwaltskammern usw.) namhaft gemacht worden. Die zwei Ministerialbeamten, die ihr angehörten, waren für diese Arbeit weisungsfrei gestellt. Insgesamt 5 Abgeordnete vertraten die politischen Parteien. Die Kommission wählte zu ihrem Vorsitzenden Prof. *Kadečka,* der, 1874 geboren, an den Bemühungen um ein gemeinsames deutsches und österreichisches Strafgesetzbuch nach 1918 von österreichischer Seite aus entscheidenden Anteil gehabt hatte, zu seinem Vertreter Prof. *Rittler,* damals 78 Jahre alt, der an den Vorarbeiten zum Entwurf 1912 beteiligt gewesen war. So war die Reformtradition in der österreichischen Strafrechtskommission mit Selbstverständlichkeit lebendig. Dennoch war die Kommission, im ganzen gesehen, reformfreudig. So wurden z. B. der Gedanke der Einheitsstrafe von Anfang an im grundsätzlichen bejaht, die Verbrechensqualifikation auf die Hochkriminalität (Strafrahmen, die 5 Jahre übersteigen) beschränkt, die Rechtsfolgen der Verurteilung nicht von der abstrakten Art der strafbaren Handlung, sondern von der Höhe der erkannten Strafe (mehr als ein Jahr Freiheitsstrafe) abhängig gemacht und sehr beschränkt. In Fragen, die politisch oder weltanschaulich akzentuiert waren, vermied man knappe Mehrheiten. So wurden für die Abtreibung und für die gleichgeschlechtliche Unzucht fast einstimmig Vorschläge gutgeheißen, die – am geltenden Recht gemessen – durchaus fortschrittlich waren. Bei alledem bestanden keine festen Fronten. Die Abstimmung war von Fall zu Fall durchaus offen. So wenigstens in der ersten Lesung, die 1960 beendet war.

In der zweiten Lesung sollten die Ergebnisse geglättet und aufeinander abgestimmt werden. In diesem Stadium hatte sich das Bild etwas geändert. Hatte ursprünglich *Kadečka* die Unterlagen für die Beratung ausgearbeitet, so ging diese Aufgabe nun an die Vertreter des Bundesministeriums für Justiz über. Gab es ursprünglich keine starren Blöcke, so schloß sich nun eine weltanschaulich-politisch konservative Gruppe zusammen. Auf ihren Wunsch wurde die Möglichkeit eröffnet, Minderheitsvoten zu formulieren. Aber man bemühte sich immer um Kompromisse.

Das kennzeichnete auch die weitere Entwicklung. Das Bundesministerium für Justiz überarbeitete den Kommissionsentwurf zweiter Lesung (1962) zum Entwurf 1964 und versah ihn mit einer ausführlichen Begründung. Dieser Entwurf wurde zur Begutachtung ausgesendet und der öffentlichen Kritik zugänglich gemacht. Wie schon der Kommissionsentwurf stieß auch er auf weltanschauliche Bedenken. Man bemängelte, daß er kein Bekenntnis zur Schuld als Mißbrauch der Wahlfreiheit und zum Sinn der Strafe als Vergeltung enthalte, im ganzen nicht hart genug sei, insbesondere die Abtreibung und die gleichgeschlechtliche Unzucht nicht ernst genug nehme usw. Solchen und anderen Einwendungen wurde mit einer Neufassung soweit Rechnung getragen, als es ohne Preisgabe der Grundlinie nur überhaupt möglich schien. Man konnte der Meinung sein, daß der Entwurf 1966 in seiner Kompromißbereitschaft zu weit gegangen ist. Er war eben als Regierungsvorlage in einer Koalitionsregierung gedacht und mußte deshalb auf die Möglichkeit eines einstimmigen Beschlusses im Ministerrat angelegt werden.

Aber es kam anders. Der Strafgesetzentwurf wurde in entstellender Weise in den Wahlkampf gezerrt. Ein offener Brief, mit dem sich Prof. *Rittler* dagegen wandte, war vergeblich. Die Wahl des Jahres 1966 brachte das Ende der großen Koalition und die Alleinregierung der ÖVP. Der Entwurf wurde – insbesondere nach Absprachen mit der österreichischen Bischofskonferenz – überarbeitet und 1968 als Regierungsvorlage eingebracht. Die Änderungen betrafen nur einzelne Punkte, aber sie wiesen alle in dieselbe Richtung und gaben dem Entwurf damit im ganzen ein anderes Gesicht. So wurde die Verbrechensgrenze auf drei Jahre gesenkt. Dadurch wurden insgesamt 67 Deliktstypen zusätzlich zu Verbrechen deklariert. Darüber hinaus wurde die Möglichkeit eröffnet, Delikte, deren Strafdrohung drei Jahre nicht übersteigt, ausdrücklich zu Verbrechen zu erklären. Daß dies just bei der Abtreibung der eigenen Leibesfrucht, der Gotteslästerung und der Blutschande geschah, belegt die Richtung der Überarbeitung; ebenso, daß die bedingte Strafnachsicht für die Notzucht und den Beischlaf mit einer Person unter 15 Jahren und nur für diese Delikte namentlich ausgeschlossen wurde. Abtreibung und gleichgeschlechtliche Unzucht sollten im Umfang des geltenden Rechts (nur eine eng gefaßte rein medizinische Indikation, Strafbarkeit auch der lesbischen Handlungen) strafbar bleiben, allerdings unter geringerer Strafdrohung stehen. Im ganzen blieb die Struktur des Entwurfs 1966 und damit des Kommissionsentwurfes aber doch erhalten. Die Änderungen waren gleichsam punktuell und hätten im Parlament einzeln behandelt werden können. Aber die parlamentarische Arbeit wurde nicht ernsthaft aufgenommen. Der Außenstehende hatte den Eindruck, daß dieser Entwurf keine entschlossenen Vertreter hatte.

Das Jahr 1970 brachte eine Minderheitsregierung der SPÖ. Man hatte aber keine Neufassung des Entwurfs bereit. Im Sinne der Entschließung des Nationalrats von 1954 brachte die Regierung ein Strafrechtsänderungsgesetz ein, das dringende Reformen auf dem Gebiet des Strafrechts und des Prozeßrechts im Hinblick auf die Gesamtreform vorwegnehmen sollte. Unter anderem wurden die bedingte Strafnachsicht entsprechend dem Entwurf

1966 neu gestaltet, die Strafbarkeit der gleichgeschlechtlichen Unzucht auf den Bereich des Jugendschutzes beschränkt (wobei das Täter- und das Schutzalter mit 18 Jahren festgelegt und lesbische Akte überhaupt straflos gelassen wurden), die Ehestörung (Verletzung der ehelichen Treue durch nicht bis zum Ehebruch reichende Handlungen) aus dem geltenden Recht ausgeschieden, die Strafbarkeit des Ehebruchs eingeschränkt (insbesondere Straflosigkeit, wenn die eheliche Gemeinschaft seit einem Jahr aufgehoben war). Auch das Recht der fahrlässigen Tötung und der Körperverletzung wurde – insbesondere im Hinblick auf die Verkehrsunfälle – neu gestaltet und eine gewisse „Entkriminalisierung" dieses Gebietes erreicht. Nach langen Verhandlungen konnten diese Änderungen fast einstimmig beschlossen werden. Auch in der ÖVP hatte sich die Einstellung zum Strafrecht und seinen Aufgaben inzwischen weiterentwickelt. Die Vorgänge in der BRD hatten dazu sicherlich beigetragen.

Parallel mit der Arbeit am Strafrechtsänderungsgesetz lief die Ausarbeitung einer Neufassung des Strafgesetzentwurfs. Sie konnte sich nicht darauf beschränken, den Entwurf 1966 wiederherzustellen oder auf den Entwurf 1964 zurückzugreifen. Die Zeit war nicht stillgestanden. Der deutsche Alternativentwurf und die beiden Reformgesetze des Jahres 1969 hatten auch für Österreich Lösungsmöglichkeiten nahegerückt, die für die Strafgesetzkommission bestenfalls Fernziele waren. Der Nationalrat hatte der Bundesregierung im Dezember 1970 abermals einstimmig aufgetragen, einen Strafgesetzentwurf als Regierungsvorlage einzubringen, und damit das Ziel der Gesamtreform neuerlich bestätigt.

Die Wahl im Oktober 1971 brachte die absolute Mehrheit und die Alleinregierung der SPÖ. Der Strafgesetzentwurf konnte schon am 16. November 1971 als Regierungsvorlage eingebracht werden. Damit steht zunächst jedenfalls eine volle Gesetzgebungsperiode zur Verfügung.

c) Die gegenwärtige Lage

Man könnte meinen, daß die Verabschiedung des Strafgesetzes durch das Parlament unter solchen Voraussetzungen kein Problem sein könne. Aber man war sich in Österreich von Anfang an darüber einig, daß ein neues Strafgesetz nicht mit knapper Mehrheit beschlossen werden solle. Es müsse von jedem in die bestehende, pluralistische Gesellschaft Adaptierten bejaht werden können, gleichgültig, welcher weltanschaulichen und welcher politischen Richtung er angehöre. Daß dieses Ziel erreichbar ist, hat sich am Strafrechtsänderungsgesetz 1971 erwiesen. Allerdings auch, wie lange Verhandlungen und Bemühungen dazu nötig sein können. Der Herr Bundesminister für Justiz hat erst jüngst wieder erklärt, daß er im Bestreben, Übereinstimmung zu erzielen, den besseren Weg sehe. Allerdings werde von der Mehrheit Gebrauch gemacht werden, wenn es um die Grundsätze des Entwurfs gehe. Die damit angedeutete Grenze läßt Spielraum. Zeitaufwand und Ergebnisse lassen sich im einzelnen heute nicht voraussehen.

Sicher würde es die Dinge vereinfachen, wenn die Reform schrittweise unternommen werden könnte, wie das in der BRD geschieht. Manche haben das Strafrechtsänderungsgesetz 1971 als ersten Schritt auf einem solchen Weg verstanden. Aber er ist für Österreich nicht gangbar. Weder die Systematik noch die Gesetzestechnik des alten Strafgesetzes erlauben einen schrittweisen Umbau. Man muß es durch ein neues ersetzen, das als Ganzes entworfen ist. Es gilt, damit in *einer* Gesetzgebungsperiode fertig zu werden.

So mag die Strafrechtsreform als politische Aufgabe – wenigstens soweit es ein Außenstehender beurteilen kann – auch jetzt nicht ganz leicht sein. Die große konservative Partei ist den Reformgedanken gegenüber heute aber offenbar aufgeschlossener als noch vor zwei Jahren. Das wurde bei der Arbeit am Strafrechtsänderungsgesetz 1971 deutlich. Das offizielle Organ der katholischen Kirche in Österreich, die Bischofskonferenz, hat dieses Gesetz allerdings öffentlich abgelehnt. In der Bevölkerung sind weite Kreise offenbar noch geneigt, das Strafrecht sehr konservativ zu sehen, insbesondere Härte mit Wirksamkeit zu verwechseln. Auch die Richterschaft scheint den Reformplänen nicht durchweg aufgeschlossen gegenüberzustehen. Aber alle diese Fronten sind in Bewegung geraten. Der Bundesminister für Justiz ist in vielen Vorträgen und Aufsätzen um Aufklärung bemüht. Dem soll jüngst wieder eine gemeinverständlich gefaßte kurze Schrift „Strafrechtsreform konkret“ dienen, die vom Bundesministerium breit gestreut ausgegeben wird. Das neue Strafgesetz soll, wie gesagt, von einer weiten Mehrheit bejaht werden können. Es darf das Verständnis der Allgemeinheit nicht überfordern. Dennoch soll es zeitgemäß und zukunftsweisend sein. Diese Spannung ist sehr ernst zu nehmen. Sie bildet den Hintergrund, vor dem die einzelnen Sachprobleme gesehen werden müssen. Sie erhalten dadurch, auch soweit sie kriminalpolitisch mit den in den beiden Reformgesetzen für die BRD bereits entschiedenen übereinstimmen, ein spezifisch österreichisches Profil. Wenn solche Fragen im folgenden kritisch erörtert werden, so muß man das berücksichtigen. Diese Auseinandersetzungen dürfen nicht als Kritik an der bundesdeutschen Lösung oder gar als Einmischung in eine innerdeutsche Diskussion aufgefaßt werden. Sie ergeben sich aus dem gegenwärtigen Stadium der Strafrechtsreform in Österreich.

B.
Dogmatische Entscheidungen

In manchen Fragen – insbesondere auch solchen, die den Dogmatiker interessieren – ist für Österreich ein von der bundesdeutschen Regelung abweichender Weg allerdings schon durch die Tradition vorgezeichnet.

a) Ausdrückliche Umschreibung von Vorsatz und Fahrlässigkeit sowie der Begehung durch Unterlassung

So war es nie bestritten, daß Vorsatz und Fahrlässigkeit im Gesetz zu definieren seien. Schon das Strafgesetz von 1803 hat es unternommen, diese Zurechnungsstufen – ob sie schuld- oder unrechtsbedeutend sind, kann hier dahinstehen – zu umschreiben, wobei die Vorsatzdefinition auf die Josephina zurückweist. Sämtliche Entwürfe für ein neues Strafgesetz enthielten Begriffsbestimmungen. In der Tat scheint diese Festlegung ein Gebot der Tatbestandsbestimmtheit. Gerade hier handelt es sich um Merkmale, von denen zumindest eines in jedem Deliktstypus vorkommt. Sie sind nur entsprechend der Technik des Allgemeinen Teils vor die Klammer gezogen und für alle Deliktstypen gemeinsam festzulegen. Gerade weil die Abgrenzung in der Lehre umstritten ist, muß der Gesetzgeber das Gemeinte wenigstens so weit wie möglich bestimmen. Sicherlich kann das nicht vollständig gelingen. Aber das Gesetz kann den Spielraum möglicher Deutungen doch einengen. Das ist besser als nichts. Die Abgrenzung des bedingten Vorsatzes hat von Entwurf zu Entwurf gewechselt. Die Strafrechtskommission und der Entwurf 1964 stellten auf das billigende Inkaufnehmen ab, die Entwürfe 1966 und 1968 auf das Einverstandensein; die Regierungsvorlage übernimmt nun die Formel *Jeschecks* („ernst nehmen und sich damit abfinden"), die der OGH bereits mehrmals verwendet hat. Die praktische Bedeutung dieser Formulierungsfragen darf nicht überschätzt werden. Im Rahmen der von der Lehre vertretenen Auffassungen geben sie aber doch Hinweise. So darauf, inwieweit das Wahrscheinlichkeitsurteil des Täters mit ins Spiel kommt und ob die Gleichgültigkeit dem Erfolg gegenüber zum Vorsatz oder zur Fahrlässigkeit zu schlagen ist. Man war sich dessen bewußt, daß es sich dabei letztlich um rechtspolitische Wertentscheidungen handelt, die nicht durch begriffliche Deduktionen – z. B. aus dem Begriff des Wollens oder von einem ontologisch festgelegten Begriff der Finalität aus – vorentschieden sind.

Sicher engt die gesetzliche Regelung die Freiheit der Wissenschaft und Rechtsprechung dem geltenden Recht gegenüber ein. Im Sinne des Typenstrafrechts und der Rechtssicherheit soll sie das ja auch. Aber das muß keinen Stillstand der Rechtsentwicklung bedeuten. Dem Juristen ist nicht nur die Auslegung *de lege lata,* sondern auch die kritische Prüfung mit der Blickrichtung *de lege ferenda* aufgegeben. Umschreibungen von Vorsatz und Fahrlässigkeit lassen aber, wie schon gesagt, auf jeden Fall Spielraum. Sie können nur die Struktur der Begriffe und die Blickpunkte klarstellen, unter denen gewertet werden soll. Die Wertungen selbst, z. B. der gebotenen Sorgfalt oder der Zumutbarkeit ihres Einsatzes im Einzelfall bei der unbewußten Fahrlässigkeit, lassen sich nicht typisierend erfassen, zumal das Leben hier tatsächlich ständig im Flusse ist und neue Situationen und Werthaltungen hervorbringt.

Bezüglich der Begehung durch Unterlassung wurden in Österreich Stimmen laut, wonach die gesetzliche Regelung zu unbestimmt bleiben müsse und daher besser entfallen solle. Die Entwürfe wollten aber auch hier den Erfordernissen der Gesetzesstaatlichkeit nach Möglichkeit genügen und haben, wenn auch in selbständiger Fassung, eine Formel gewählt, die nun im Ergebnis auf die im zweiten Reformgesetz hinausläuft. Das Gleichwertigkeitserfordernis wurde zunächst bewußt abgelehnt. Erst in die Regierungsvorlage 1971 wurde es aufgenommen. Von manchen wird das bedenklich gefunden.

b) Irrtumsfragen

Nach der ursprünglichen Fassung sollte der Irrtum über „natürliche" Unwerturteile nie entschuldigen, der Irrtum über „rechtstechnische" Regelungen nur, wenn es dem Täter nicht vorzuwerfen ist, daß er sich mit den einschlägigen Vorschriften nicht bekannt gemacht hat. Dagegen wurde mit Recht eingewendet, daß die Unterscheidung zwischen natürlichen und rechtstechnischen Normen unter den Voraussetzungen einer pluralistischen Gesellschaft und des modernen Weltverkehrs, der Menschen rasch und für kurze Zeit aus einem Kulturkreis in einen anderen bringt, nicht aufrechtzuerhalten ist. Die Regierungsvorlage 1971 kommt daher zu einer Regelung, dic im Ergebnis der im zweiten Reformgesetz vorgesehenen entspricht. Statt auf die „Vermeidbarkeit" des Irrtums wird jedoch darauf abgestellt, ob er „vorzuwerfen" ist. Damit ist die Parallelität zur Frage nach Fahrlässigkeit und Schuld herausgestellt und ein Sprachgebrauch vermieden, der mit der Problematik des Auch-anders-gekonnt-Habens belastet wäre. Anders als das zweite Reformgesetz bemüht sich die Regierungsvorlage, nähere Hinweise zur Entscheidung der Frage zu geben, wann der Rechtsirrtum vorzuwerfen ist. Dabei wird einerseits an die früheren Entwürfe, andererseits an die Fahrlässigkeitsdefinition des geltenden Gesetzes (§ 335) angeknüpft. Der Rechtsirrtum ist insbesondere dann vorzuwerfen, wenn das Unrecht für den Täter wie für jedermann leicht erkennbar war oder wenn es dem Täter nach seinem Beruf, seinem Gewerbe, seiner Beschäftigung oder sonst den Umständen nach vorzuwerfen ist, daß er sich mit den einschlägigen Vorschriften nicht bekannt gemacht hat. Im ersten Teilsatz sind die „natürlichen" Normen enthalten, aber unter Berücksichtigung der Voraussetzungen beim Täter. Auf seine individuelle Wertblindheit wird er sich allerdings nicht berufen können. Das ergibt sich aus dem Grundkonzept der Schuld, das dem Entwurf zugrunde liegt. Davon wird noch zu reden sein.

Ausdrücklich wird klargestellt, daß die irrtümliche Annahme eines rechtfertigenden Sachverhaltes die Zurechnung zum Vorsatz ausschließt. Das könnte man zwar schon aus der Vorsatzdefinition ableiten. Aber es sollte, insbesondere gegenüber der von Prof. *Welzel* vertretenen Meinung, zusätzlich festgehalten werden. Die Lösung ist folgerichtig. Wer irrtümlich einen rechtfertigenden Sachverhalt annimmt, intendiert keinen Unwertsachverhalt und hat daher den Handlungsunwert des vorsätzlichen Deliktes nicht zu vertreten.

c) Zurechnungsunfähigkeit

Für die Zurechnungsunfähigkeit hatte die Strafgesetzkommission neben den Geisteskrankheiten die Gemütskrankheiten ausdrücklich genannt. Schon diese kleine Entwicklung stieß auf starken Widerstand und wurde 1966 um des Kompromisses willen fallengelassen. Die Regierungsvorlage 1971 nimmt nun eine ähnliche Erweiterung wie das zweite Reformgesetz vor, geht aber doch nicht ganz so weit. Neben die klassischen Ausschlußgründe treten nicht schlechthin „schwere andere seelische Abartigkeiten", sondern „andere schwere, einem dieser Zustände gleichwertige Störungen". Dabei ist man sich der Schwierigkeit der Gleichwertigkeitsfrage durchaus bewußt. Vom einen Standpunkt aus wird das *tertium comparationis* die Eignung sein, die Freiheit zur wertrichtigen Entscheidung in Frage zu stellen, vom anderen Standpunkt aus die Entfremdung von der normalen Motivierbarkeit. Von beiden Auffassungen aus werden jedoch praktisch dieselben Sachverhalte angesprochen werden.

d) Versuch, Beteiligungsformen

In allen Fassungen hat der österreichische Entwurf daran festgehalten, daß der absolut untaugliche Versuch straflos bleiben soll. Das entspricht der Tradition der österreichischen Rechtsprechung, die allerdings von einem großen Teil der österreichischen Lehre seit je bekämpft worden ist. Die Frage wurde in der Strafrechtskommission sehr ausführlich behandelt. Eine große Mehrheit wollte die Strafbarkeit gegenüber dem geltenden Recht in dieser Richtung nicht erweitert wissen und berief sich – für die Vertreter der gegenteiligen Auffassung nicht überzeugend – auf Erfordernisse der Rechtssicherheit. Emotional spielte es dabei offensichtlich auch eine Rolle, daß der absolut untaugliche Versuch in Österreich nur in den Jahren von 1938 bis 1945 bestraft wurde. Die Entscheidung ist wohl endgültig. Selbstverständlich konnte es auch den Entwürfen nicht gelingen, die Fälle absoluter Untauglichkeit begrifflich klar abzugrenzen. Theoretisch erleichtert es ein wenig, daß die Formulierung wenigstens nicht zu einer objektiven Versuchslehre zwingt, sondern es zuläßt, die absolute Untauglichkeit als Strafausschließungsgrund zu verstehen.

Die Beteiligungsformen behandeln die Entwürfe seit 1945 gleichbleibend nach dem Modell der Einheitstäterschaft. Allerdings soll die bloß versuchte Unterstützung weiterhin straflos bleiben. Dadurch geht der Vorteil der Lösung zum Teil, aber eben nur zum Teil, verloren. Sie entspricht einer in Österreich seit langem schon zum geltenden Gesetz vertretenen Lehrmeinung. Ich habe zu dieser Frage vor eineinhalb Jahren in Bonn gesprochen und möchte hier nicht nochmal darauf eingehen. Bei der Mitwirkung eines Extraneus am Sonderdelikt soll in Zukunft – anders als nach der bundesdeutschen Regelung und der überkommenen Rechtsprechung auch in Österreich – nicht zwischen eigentlichen und uneigentlichen Sonderdelikten, sondern danach unterschieden werden, ob die Qualifikation das Unrecht oder nur die Schuld betrifft. Dieser Gedanke wurde in der Regierungsvorlage 1971 konkreter als bisher ausgeführt. Die neue Fassung stieß auf Widerspruch, weil sie nicht sofort und für sich allein gesehen verständlich ist.

e) Offenheit gegenüber der Unrechtslehre

Bei allen dogmatisch relevanten Formulierungen ergab sich eine gewisse Schwierigkeit daraus, daß es offenbleiben soll, ob der Vorsatz zum Unrecht oder zur Schuld zu schlagen ist. Im österreichischen Schrifttum steht die Dogmatik *Belings* noch durchaus im Vordergrund. In der jüngeren Generation setzt es sich aber immer mehr durch, den Vorsatz als Handlungsunwert zu sehen. Auch ich bekenne mich seit einiger Zeit – unter Preisgabe meines früheren Standpunktes – zu dieser Auffassung. Das Strafgesetz soll zu dieser Frage der Strafrechtswissenschaft nicht Stellung nehmen, aber die Sachlösungen sollen doch eindeutig sein. Daraus ergeben sich Schwierigkeiten insbesondere in der Terminologie. In den erläuternden Bemerkungen zum

Allgemeinen Teil ist das bei der Regierungsvorlage 1971 berücksichtigt. Die erläuternden Bemerkungen zum Besonderen Teil bezeichnen Vorsatz und Fahrlässigkeit dagegen mit Selbstverständlichkeit als Schuldstufen. Das ergab sich aus der verschiedenen Zusammensetzung der Arbeitsgruppen. Sachliche Schwierigkeiten werden daraus nicht erwachsen.

C.
System und Deutung der Strafen

So sehr die dogmatischen Fragen den Strafrechtslehrer interessieren und so wichtig sie sind, stehen für den Gesetzgeber die grundsätzlichen kriminalpolitischen Entscheidungen, insbesondere die Gestaltung der Unrechtsfolgen, doch im Vordergrund. Der österreichische Entwurf folgt insofern der Reformtradition. Er hält an der Zweigeleisigkeit von Strafen und Maßnahmen der Besserung und Sicherung – die er zusammenfassend „vorbeugende Maßnahmen" nennt – fest. Als Strafarten kennt der Entwurf Freiheitsstrafe, Geldstrafe und Verfall.

a) Einheitsstrafe

Die Strafrechtskommission hatte sich schon in erster Lesung mit großer Mehrheit grundsätzlich dazu bekannt, die Freiheitsstrafe als Einheitsstrafe zu gestalten, fand sich aber zu einem Kompromiß bereit, wonach die zuerkannten Strafen je nach ihrer Dauer verschieden – Arrest, Gefängnis, Kerker – benannt werden sollten. Dabei ging man davon aus, daß den als unterscheidend ins Auge gefaßten Strafzeiten verschiedene Vollzugsweisen entsprechen würden; diese Vollzugszeiten seien ein Kriterium für eine sachgerechte Unterscheidung des Vollzugsregimes. Das Strafvollzugsgesetz 1969 ist diesen Weg jedoch nicht gegangen. Deshalb sieht die Regierungsvorlage 1971 nun die reine Einheitsstrafe vor. Das ist heute wohl unproblematisch geworden.

b) Offenheit gegenüber den Strafrechtstheorien; Strafzumessungsregeln

Vielleicht darf man vermuten, daß auch die Frage nach dem „Menschenbild", das der Entwurf zugrunde legt, an Gewicht verloren hat. Die Strafrechtskommission und die Entwürfe bis 1966 wollten sich zu keiner bestimmten Straftheorie bekennen und die Frage nach der Willensfreiheit offen lassen. Auch das geltende Gesetz enthält keine programmatische Erklärung. Die Sachfragen sollen nicht doktrinär, sondern rechtspolitisch vernünftig entschieden werden. Die Entwürfe hielten sich an die Äußerung von *Hurwitz,* daß man von verschiedenen Auffassungen über Zweck und Möglichkeiten der Strafe aus in der Praxis zu denselben gesetzgeberischen Ergebnissen gelangen kann. Diese Haltung war den Entwürfen von manchen Seiten vorgeworfen worden. Aber auch die Regierungsvorlage 1968 ließ letztlich jeder Deutung Raum. Wenn sie in der allgemeinen Strafzumessungsregel auf den „Grad der Vorwerfbarkeit" abstellte, war damit bei der Vieldeutigkeit, die dieser Ausdruck im Sprachgebrauch der Wissenschaft gewonnen hat, in Wahrheit nichts festgelegt.

Die allgemeine Strafzumessungsregel, die in der Strafrechtskommission erarbeitet worden war, wurde seinerzeit unter weltanschaulichen Aspekten besonders angefochten. Nach ihr sollte vor allem berücksichtigt werden, inwieweit die Tat auf eine gegenüber rechtlich geschützten Werten ablehnende oder gleichgültige Einstellung des Täters und inwieweit sie auf äußere Umstände und Beweggründe zurückzuführen ist, die sie auch einem mit den rechtlich geschützten Werten verbundenen Menschen nahelegen können. Dem lag die Auffassung zugrunde, daß die Schuld negative Abweichung von der Willensbildung eines maßgerechten Menschen ist und also unter einem objektiven Maßstab steht, ein Gedanke, der nun insbesondere auch von *Jescheck* in seinem Lehrbuch aufgegriffen worden ist. Die Formel wurde jedoch als Bekenntnis zu einem materialistisch-deterministischen Menschenbild mißverstanden, das die Menschen auf ein Produkt von Anlage und Umwelt reduziere. Deshalb wurde sie im Entwurf 1966 im Bestreben nach einem Kompromiß und in der Regierungsvorlage 1968 gestrichen. Die Regierungsvorlage 1971 nimmt sie wieder auf. Die Aussage ist sachlich richtungweisend, aber weltanschaulich in Wahrheit völlig offen.

Aus den deutschen Entwürfen haben die österreichischen die Fassung übernommen, daß die Schuld Grundlage für die Bemessung der Strafe sei. In der – der österreichischen Tradition entsprechend, langen – beispielsweisen Aufzählung von Erschwerungs- und Milderungsgründen sind auch solche unbestritten, die nicht auf das Maß der Schuld zurückgeführt werden können: so der Milderungsgrund, daß die Tat keinen Schaden verursacht hat oder daß es beim Versuch geblieben ist. In diesem Zusammenhang ist auch auf die Straflosigkeit des absolut untauglichen Versuchs zu verweisen. Umgekehrt ist die Strafverschärfung bei wiederholtem Rückfall auf Grund der gleichen schädlichen Neigung unter Anhebung der Obergrenze des Strafrahmens auf das Anderthalbfache in allen Fassungen des Entwurfs vorgesehen. Das ist ein Gebot kriminalpolitischer Vernunft. Freiheitsentziehende vorbeugende Maßnahmen sind nur in Fällen besonders qualifizierter Gefährlichkeit vorgesehen. In Fällen minderer Gefährlichkeit bliebe eine Lücke, die durch die Strafverschärfung innerhalb gewisser Grenzen geschlossen werden kann. Daß der Täter unter dem Einfluß eines abnormen Geisteszustandes gehandelt hat, daß er schwach am Verstand ist oder seine Erziehung vernachlässigt wurde, steht unter den Milderungsgründen. Im ganzen ist man bei der Benennung besonderer Erschwerungs- und Milderungsgründe wohl durchaus pragmatisch vorgegangen.

c) Die „Erforderlichkeitsklausel"

Einen Ansatzpunkt für die Strafrechtstheorie des Entwurfs könnte man in der Formel suchen, die darauf abstellt, ob bestimmte strafrechtliche Reaktionen notwendig sind, „um den Rechtsbrecher von weiteren strafbaren Handlungen abzuhalten oder um der Begehung strafbarer Handlungen durch andere entgegenzuwirken". Der Entwurf gebraucht dieses Kriterium bei der Wahl zwischen Freiheits- und Geldstrafe, der Verhängung einer Geldstrafe statt einer kurzen Freiheitsstrafe, der Straflosigkeit besonders leichter Fälle, der bedingten Strafnachsicht und der bedingten Entlassung. Man kann zusammenfassend vielleicht von einer „Erforderlichkeitsklausel" reden. Die Formulierung stammt aus der Regierungsvorlage 1968. Bis dahin war in Anlehnung an eine Wendung des geltenden Rechts darauf abgestellt, ob die schärfere Reaktion „ohne Nachteil für den Rechtsbrecher oder die Rechtsordnung" unterbleiben könne. Das stand der Formel der Reformgesetze, die auf die Notwendigkeit zur Verteidigung der Rechtsordnung abstellen, näher. Die neue Fassung verweist sprachlich eindeutig und nüchtern auf das spezial- und das generalpräventive Bedürfnis. Das ist ein Gewinn. Aber es macht die Frage unübersehbar, wie das generalpräventive Bedürfnis im Einzelfall festgestellt werden kann. *Eberhard Schmidt* meinte bekanntlich, daß die einzelne Entscheidung generalpräventiv überhaupt belanglos sei; es komme nur auf die Rechtsprechung im ganzen an. Aber die einzelnen Entscheidungen kommen doch zumindest als deren Glied und Ausdruck in Betracht. So weist die Formel des Entwurfs nicht ins Leere. Aber sie stellt eine Frage, die sich kaum exakt beantworten läßt. Der Hinweis auf die Zielrichtungen der generalpräventiven Wirkungen hilft kaum weiter. Vielleicht darf man Querverbindungen einerseits zum spezialpräventiven Bedürfnis, andererseits zur Schwere der Tat annehmen. Bei leichteren Taten wird es die Allgemeinheit verstehen, wenn einem ungefährlichen Täter gegenüber auf „Bewährung der Rechtsordnung" verzichtet wird. Das Vertrauen in die Schutzwirkung der Rechtsordnung und das Bewußtsein ihrer Verbindlichkeit werden dadurch nicht erschüttert werden. Bei gewichtigen Taten mag das anders sein.

Für den Gesichtspunkt der Vergeltung läßt die besprochene Formel keinen Raum. Dennoch kann die Strafe, wo sie verhängt wird, auch im Sinne einer „Gerechtigkeitstheorie" (nach der Terminologie *Schmidhäusers)* verstanden werden. Man ist sich heute ja darüber einig, daß Strafe nie nur um der Gerechtigkeit willen verhängt werden darf. Auch die absoluten Theorien sind heute nach *Welzels* prägnanter Formulierung insoweit relativiert. So bleibt die Straftheorie des Entwurfs zuletzt doch offen. Für die Rechtsanwendung erwachsen daraus keine Schwierigkeiten; denn man ist sich heute dessen bewußt, daß nur eine Strafe, die als gerecht empfunden wird, das generalpräventive Optimum bietet und daß sich die Strafe, auch spezialpräventiv verstanden, von Maßnahmen durch ihre Tatschuldbezogenheit abhebt. Von da her ist es auch verständlich, daß die allgemeine Zumessungsregel weder auf das general- noch auf das spezialpräventive Bedürfnis hinweist.

Der Gesichtspunkt der Spezialprävention ist dagegen für die a. o. Strafmilderung wesentlich. Die Entwürfe halten an dieser bewährten Einrichtung des geltenden Rechts fest. Sie ermöglicht es, die Untergrenze des gesetzlichen Strafrahmens zu unterschreiten, wenn die Milderungsgründe die Erschwerungsgründe beträchtlich überwiegen und begründete Aussicht besteht, daß der Täter auch bei Verhängung einer das gesetzliche Mindestmaß unterschreitenden Freiheitsstrafe keine weiteren strafbaren Handlungen begehen werde. Das spezialpräventive Bedürfnis verhindert die Unterschreitung des gesetzlichen Strafrahmens also auch dann, wenn sie nach dem Gewicht der Strafzumessungsgründe angemessen wäre. Das berührt sich mit den Erwägungen, die der Strafverschärfung bei Rückfall zugrunde liegen. Die Möglichkeiten der a. o. Strafmilderung reichen weit. So kann beispielsweise, wenn lebenslange Freiheitsstrafe angedroht ist, bis auf ein Jahr, wenn Freiheitsstrafe von mindestens 10 Jahren angedroht ist, bis auf 6 Monate heruntergegangen werden. Die Regierungsvorlage 1968 wollte die a. o. Strafmilderung im ersten Fall auf drei Jahre begrenzen. Das war bis 1918 geltendes Recht. Die Regierungsvorlage 1971 ist demgegenüber zum Kommissionsvorschlag zurückgekehrt, der insoweit die seit damals geltende Regelung übernommen hat.

Die a. o. Strafmilderung ermöglicht es, die Strafzumessungsgründe dem Einzelfall entsprechend gegeneinander abzuwägen. Das ist nach österreichischer Auffassung besonderen Strafrahmen nach Gegebenheiten des Allgemeinen Teils vorzuziehen. Begehung durch Unterlassung, verminderte Zurechnungsfähigkeit, Handeln in Rechtsirrtum, der die Zurechnung des vorsätzlichen Delikts nicht ausschließt, Versuch, entfernte Beteiligung an der Tat (z. B. nur als Gehilfe): alles das kann als Strafzumessungsgrund hinlänglich gewertet werden. Einrichtungen wie die Verwarnung mit Strafvorbehalt oder das Absehen von Strafe werden durch die a. o. Strafmilderung in Verbindung mit der bedingten Strafnachsicht überflüssig.

d) Bedingte Strafnachsicht

Die in den Entwürfen vorgesehene Regelung der bedingten Strafnachsicht ist durch das Strafrechtsänderungsgesetz 1971 im wesentlichen bereits vorweggenommen worden. Wie in Österreich schon seit 1920 wird die bedingte Strafnachsicht (Strafaussetzung zur Bewährung) auch in Zukunft nicht nur bei Freiheits-, sondern auch bei Geldstrafen zulässig sein. Freiheitsstrafen können ausgesetzt werden, wenn sie ein Jahr nicht übersteigen und anzunehmen ist, daß die bloße Androhung der Vollziehung allein oder in Verbindung mit anderen Maßnahmen – Weisungen, Bewährungshilfe – genügen werde, um den Rechtsbrecher von weiteren strafbaren Handlungen abzuhalten, und es nicht der Vollstreckung bedarf, um der Begehung strafbarer Handlungen durch andere entgegenzuwirken. Auf dem Wege über die a. o. Strafmilderung kann man von jeder Strafdrohung aus bis zu einem Jahr herunterkommen. Deshalb sind die Möglichkeiten in Österreich, im ganzen gesehen, weiter gespannt als nach dem Recht der Bundesrepublik, auch wenn dieses die Aussetzung von Strafen bis zu zwei Jahren vorsieht. Allerdings werden Taten, die mit lebenslanger oder mindestens 10jähriger Freiheitsstrafe bedroht sind, vom Gesetz ausdrücklich ausgenommen. Der Kommissionsentwurf kannte diese Einschränkung nicht. In der Tat ist sie nicht glücklich, aber sie wird sich kaum beseitigen lassen. Die Regierungsvorlage 1971 sieht übrigens die bedingte Nachsicht auch für Strafen von über einem Jahr, jedoch nicht über eineinhalb Jahren vor, „wenn aus besonderen Gründen Gewähr dafür geboten ist, daß der Rechtsbrecher keine weiteren strafbaren Handlungen begehen werde“.

e) Straflosigkeit besonders leichter Fälle

Auseinandersetzungen sind voraussichtlich noch über die Straflosigkeit besonders leichter Fälle zu erwarten. Das österreichische Recht kennt bisher keine Einstellung wegen Geringfügigkeit wie z. B. nach § 153 DStPO. Das Legalitätsprinzip ist insoweit streng durchgeführt. Die Entwürfe seit 1960 sehen Straflosigkeit in besonders leichten Fällen vor, nämlich wenn die Schuld gering ist, die Folgen unbedeutend sind und die schon besprochene Erforderlichkeitsklausel nicht entgegensteht. Manche wollten die Straflosigkeit jedoch nur als Schuldspruch ohne Strafe verstehen; andernfalls würden der Geltungsanspruch und die Autorität des Strafrechts erschüttert und die Rechtssicherheit gefährdet. Diese Besorgnisse werden schon durch die Rechtsvergleichung widerlegt. Überdies wäre die Einrichtung dann überflüssig, denn die a. o. Strafmilderung im Zusammenhang mit der bedingten Strafnachsicht würde in jedem Fall eine Strafe ermöglichen, die neben der Unwertaussage des gerichtlichen Schuldspruchs nicht zusätzlich ins Gewicht fiele. Die Regierungsvorlage 1971 konstruiert die Straflosigkeit nun eindeutig materiellrechtlich als einen Strafausschließungsgrund mangels Strafbedürfnisses. Das ist sachangemessen und klärt auch alle prozessualen Fragen.

Umstritten ist aber auch die Auswahl der in Betracht kommenden Delikte. Zunächst wollte man die Straflosigkeit nur für bestimmte, ausdrücklich genannte Deliktstypen vorsehen. Die Regierungsvorlage 1971 umschreibt den Kreis dagegen abstrakt (Delikte, die nur mit Geldstrafe, nur mit Freiheitsstrafe nicht über 6 Monaten oder mit diesen beiden Strafen bedroht sind). Damit werden jedoch Delikte, für die Straflosigkeit in besonders leichten Fällen gleichfalls angemessen schiene, nicht erfaßt. Schon die Regierungsvorlage nennt daher zusätzlich einige strafbare Handlungen, die mit Freiheitsstrafe bis zu einem Jahr bedroht sind. Das letzte Wort ist damit vermutlich noch nicht gesprochen.

D.
Neue Wege im Anschluß an die Reformgesetze

Doch nun endlich zu den Fragen, die in Österreich durch die bundesdeutschen Reformgesetze des Jahres 1969 aktualisiert worden sind: die Gestaltung der Geldstrafe nach Tagessätzen, der Ersatz kurzer Freiheitsstrafen durch Geldstrafen und im Zusammenhang damit das Problem der Ersatzfreiheitsstrafe.

a) Geldstrafe in Tagessätzen

Das System der Tagessätze wurde schon in der Strafgesetzkommission erwogen. Aber man übernahm es nicht. Ausgehend davon, daß die Geldstrafen hauptsächlich für kleinere Delikte in Betracht kommen, meinte man, daß der Ermittlungsaufwand zur Feststellung der Einkommensverhältnisse zu groß sei und das Eindringen in die wirtschaftlichen Verhältnisse des Täters und damit in seine Privatsphäre außer Verhältnis zur Bedeutung des Rechtsbruchs stehe. In der Hauptverhandlung würde sich das Schwergewicht von der Feststellung der Tat auf die Ermittlung der Bemessungsgrundlagen verlagern. Der Ausweg in eine Zweiteilung des Verfahrens und in die Bemessung der Tagessätze außerhalb der öffentlichen Verhandlung wäre nicht gangbar. So blieb man beim überkommenen System. Das wurde von manchen kritisiert. Der Alternativentwurf, die durch ihn ausgelöste Diskussion und das zweite Reformgesetz brachten den Stein ins Rollen. Werden kurze Freiheitsstrafen durch Geldstrafen abgelöst, so kommen diese auch für schwerere Fälle in Betracht, und die Transparenz, die das Tagesbußensystem gewährleistet, wird noch wichtiger. So stellt die Regierungsvorlage 1971 die Geldstrafen auf Tagessätze um. Das ist auf Kritik gestoßen. Die Vorteile des Systems werden zwar nicht verkannt. Aber viele halten es für praktisch undurchführbar: Die Täter kleiner oder mittlerer Straftaten seien oft ohne geregeltes Einkommen oder überhaupt unstet. Viele Menschen haben – vielleicht trotz hohen Lebensstandards – kein faßbares Einkommen, weil sie ganz oder überwiegend von anderen erhalten werden. In allen diesen Fällen müsse das Tagesbußensystem versagen. Werde es ernstgenommen, so überlaste es die Gerichte. Sie seien nicht in der Lage, die Grundlagen sachgerecht zu schätzen; die nötige Erfahrung fehle und könne nicht leicht erworben werden, weil es die Richter, anders als z. B. Finanzbeamte, nicht jeweils mit einem bestimmten Berufskreis zu tun haben, dessen Verhältnisse ihnen dadurch vertraut würden. Ein besonderes Problem werfe die Berücksichtigung des Vermögens auf; die Geldstrafe solle nicht konfiskatorisch wirken. Alles Einwendungen, die man sicherlich auch in der BRD gehört hat.

Die Regierungsvorlage 1971 versucht, ihnen nach Möglichkeit Rechnung zu tragen. Sie gibt zunächst einen Hinweis darauf, was der Tagessatz sein soll, dann darauf, was bei seiner Bemessung vor allem berücksichtigt werden soll. Ein Tagessatz ist danach der Betrag, den der Rechtsbrecher im Tagesdurchschnitt für sich aufwenden kann. Damit wird auf die tatsächlichen, nicht bloß auf rechtlich verfestigte Einkünfte abgestellt. Gesetzliche Unterhaltsverpflichtungen sind abzuziehen, denn diesen Betrag wendet der Täter nicht für sich auf. Ob Verpflichtungen aus Aufwendungen zu Konsumzwecken, aus Ratenkäufen oder dergleichen, auch etwa die Miete für die Wohnung, in der der Verurteilte lebt, abzusetzen sind, stellt die Regierungsvorlage nicht eindeutig klar. Bei alledem ist zu bedenken, daß der Tagessatz ja nur eine Rechnungsgröße ist, die die Gleichheit des Strafübels gewährleisten soll, die Geldstrafe aber nicht zur Laufzeitstrafe macht. Der Betrag wird sogleich fällig und ist grundsätzlich auf einmal zu bezahlen. Ein Existenzminimum freizulassen, liegt daher nicht im Grundgedanken des Systems.

Für die wirtschaftliche Leistungsfähigkeit ist nach der Regierungsvorlage neben den Einkünften insbesondere das Vermögen zu berücksichtigen, dessen Verwertung dem Täter zugemutet werden kann. Diese Aussage ist unscharf, aber weist doch wenigstens die Richtung. Der Täter soll nicht gezwungen werden, zur Bezahlung der Geldstrafe ein Einfamilienhaus, in dem er wohnt, einen Schrebergarten oder dergleichen zu verkaufen. Andererseits gibt es Vermögen, das widmungsgemäß für wirtschaftliche Zwecke disponibel ist. Darauf wird Bedacht zu nehmen sein. Schließlich verweist der Entwurf auf die Möglichkeit, durch zumutbare Erwerbstätigkeit Einkünfte zu erzielen. Das soll die Einwände berücksichtigen, die auf die Lebensführung vieler Klein- und Mittelkrimineller hinweisen. Die Einbeziehung der erzielbaren Einkünfte ermöglicht es, den maßgebenden Zeitpunkt mit dem Ergehen des Urteils erster Instanz festzusetzen.

Im ganzen gesehen, geht die im österreichischen Entwurf vorgesehene Regelung wesentlich mehr ins einzelne als die nach dem zweiten Reformgesetz. Dieses hat die angeschnittenen Fragen bewußt Lehre und Rechtsprechung überlassen. In der Frage des Existenzminimums besteht eine sachliche Abweichung. Ob und inwieweit die Formel der Regierungsvorlage im Zuge der parlamentarischen Arbeit an die bundesdeutsche angenähert wird, bleibt abzuwarten.

Bewußt ist der österreichische Entwurf von der deutschen Regelung bei der Festsetzung des Verhältnisses von Tagessatz und Ersatzfreiheitsstrafe abgewichen. Erst zwei Tagessätze sollen einem Tag Ersatzfreiheitsstrafe, ein Tagessatz also nur 12 Stunden Ersatzfreiheitsstrafe entsprechen. Das hielt man dem Wertverhältnis zwischen dem Einkommen eines Tages und der Freiheit eines Tages für angemessener als die Gleichsetzung.

b) Ersatz kurzer Freiheitsstrafen durch Geldstrafe

Mit dem System der Tagessätze eng verbunden ist die Ersetzung kurzer Freiheitsstrafen durch Geldstrafen. Auch diese Frage wurde in der Strafrechtskommission besprochen. Aber man beließ es dann bei einer – übrigens eng gefaßten – Umwandlungsmöglichkeit im Rahmen der a. o. Strafmilderung. Die kriminalpolitische Dimension der Frage wurde damit nicht berücksichtigt. Man meinte, daß ihr durch die bedingte Strafnachsicht Genüge getan sei. Der Nachteil der kurzen Freiheitsstrafe werde vermieden, wenn sie nicht vollzogen werden müsse. Das treffe bei einem Großteil der bedingt nachgesehenen Strafen zu. Und es sei fraglich, ob es ein Vorteil sei, wenn an die Stelle einer bedingten Freiheitsstrafe eine unbedingte Geldstrafe trete; die bedingte Nachsicht der Geldstrafe habe sich in der Praxis kaum durchgesetzt.

Dazu einige Zahlen: Im Jahre 1967 wurden in Österreich 19 225 Erwachsene zu Freiheitsstrafen bis zu 6 Monaten unbedingt verurteilt, davon waren 2819 nicht vorbestraft. Man darf annehmen, daß in vielen dieser Fälle eine

Geldstrafe genügt hätte, gar wenn man sie nach dem System der Tagessätze hätte ausmessen können. In der ungefähr gleich großen Menge der bedingten Freiheitsstrafen bis zu einschließlich 6 Monaten – 1967 waren es 19 297 Erwachsene – sind sicher viele enthalten, bei denen auch eine Geldstrafe hingereicht hätte und auch sie bedingt hätte nachgesehen werden können. Die Praxis macht von dieser Möglichkeit bisher tatsächlich kaum Gebrauch. Aber man darf erwarten, daß sich das ändern wird, wenn nach dem System der Tagessätze größere Geldstrafen und – an Stelle von Freiheitsstrafen – auch bei schwereren Delikten verhängt werden.

So hat man sich in der Regierungsvorlage 1971 zu einer Regelung entschlossen, die der in den bundesdeutschen Reformgesetzen vorgesehenen nahekommt. Sie geht darüber insoweit hinaus, als sie auch Freiheitsstrafen von 6 Monaten mit umfaßt und die Strafe bei Anwendung der a. o. Strafmilderung auch von höheren Strafrahmen aus so niedrig bemessen werden kann. Taten, die mit mindestens 10jähriger Freiheitsstrafe bedroht sind, schließt der Entwurf folgerichtig freilich auch hier aus. Als *ultima-ratio*-Klausel dient die schon besprochene „Erforderlichkeitsklausel". Die Höchstgrenze der Geldstrafe liegt bei 360 Tagessätzen. Das entspricht dem Verhältnis von eins zu zwei zwischen Tagessätzen und Ersatzfreiheitsstrafe. Dieser Umrechnungsschlüssel wird bei der Ablösung der Freiheitsstrafe durch eine Geldstrafe im übrigen aber nicht zwingend zugrunde gelegt. Der Entwurf will nicht, daß die Freiheitsstrafe zuerst zugemessen und dann in die Geldstrafe umgerechnet wird. Wenn feststeht, daß keine 6 Monate übersteigende Freiheitsstrafe in Betracht kommt, soll vielmehr in die Zumessung der Geldstrafe übergetreten werden. Sicherlich spräche auch manches für die starre Lösung, aber die Verschiedenheit der Strafmittel ließ die vorgesehene Vorgangsweise doch empfehlenswerter scheinen.

Der Gesetzesvorschlag hat vielfach Kritik ausgelöst: Bei der großen Zahl der Klein- und Mittelkriminellen werde die Geldstrafe wegen des unsteten, asozialen Lebenslaufs nicht einbringlich sein. Die Eintreibung werde auf alle Schwierigkeiten stoßen, die man im Zusammenhang mit den Unterhaltsschutzbestimmungen kennt. Für die ausschließlich mit Freiheitsstrafe bedrohten strafbaren Handlungen sei eine Geldstrafe in der Regel keine hinlängliche Sühne. Sie sei weder in ihrer general- noch in ihrer spezialpräventiven Wirkung (diese als Schocktherapie) mit der Freiheitsstrafe zu vergleichen. Diesen Bedenken können die kriminalpolitischen Erfahrungen mit der kurzen Freiheitsstrafe und das international übereinstimmende Urteil über ihre Wirkungen entgegengesetzt werden. Zu einem guten Teil wird den Bedenken auch durch die „Erforderlichkeits"-Klausel der Boden entzogen. Sie läßt der Freiheitsstrafe mehr Raum als die bundesdeutsche *ultima-ratio*-Klausel.

Gewicht haben vor allem zwei Einwände, die mit gutem Grund vorgebracht worden sind. Einmal: Eine ernst zu nehmende Geldstrafe wird die Familie geradezu begriffsnotwendig mitbetreffen, und der Rechtsbrecher kann sie ganz abwälzen, ohne daß man das kontrollieren oder verhindern könnte. Zwar wirkt sich auch die Freiheitsstrafe oft auf die Familie aus; aber den Rechtsbrecher trifft sie auf jeden Fall. Zum zweiten: Bei Vermögensdelikten besteht die Gefahr, daß der Rechtsbrecher und übrigens auch die Allgemeinheit die Höhe der Geldstrafe mit dem Vermögensvorteil vergleichen, den der Täter aus der Tat – wenigstens zunächst – gehabt hat. Diese Saldoberechnung kann für die Strafzumessung nicht maßgebend sein, insbesondere wenn der Rechtsbrecher den Gewinn nicht mehr in Händen hat. Aus dieser Erwägung haben die österreichischen Entwürfe darauf verzichtet, bei Taten aus Gewinnsucht eine Geldstrafe vorzuschreiben, die den Gewinn zumindest erreicht. Man sah darin gleichsam eine spiegelnde Strafe ohne Beziehung auf die Strafzwecke. Die wirtschaftliche Belastung des Täters könnte seine Resozialisierung gefährden. Bei alledem ging man davon aus, daß der Täter für seine Tat ohnedies eine Freiheitsstrafe bekommt. Wird sie durch eine Geldstrafe ersetzt, so kann der Saldogedanke zumindest psychologisch Schwierigkeiten machen. So bleibt auch beim Ersatz der kurzen Freiheitsstrafen durch Geldstrafen ein ungelöster Rest. Aber man wird doch der Meinung sein dürfen, daß der Vorteil im ganzen überwiegt. Man wird sehen, wie sich die *ultima-ratio*-Klausel in der Praxis einpendelt.

Sowohl zum Tagesbußensystem als auch zur Ablösung der kurzen Freiheitsstrafen wurde in Österreich die Meinung vertreten, man solle die bundesdeutschen Erfahrungen zunächst abwarten. Das würde die Vertagung dieser Reformvorhaben auf lange Zeit hin bedeuten. Begreiflich, daß man das im Zuge einer Gesamtreform nicht auf sich nehmen will. Das ändert aber nichts daran, daß die Veröffentlichung von Erfahrungsberichten, insbesondere auch von statistischen Daten, über die Ergebnisse der Neuordnung in der Bundesrepublik für Österreich äußerst wertvoll sein wird.

c) Bedingte Nachsicht der Ersatzfreiheitsstrafe

Will der Gesetzgeber kurze Freiheitsstrafen vermeiden und durch Geldstrafen ersetzen, so kann er am Problem der Ersatzfreiheitsstrafe nicht vorbeigehen. Die Regierungsvorlage 1971 sieht vor, daß sie bedingt nachgesehen werden kann, wenn die Geldstrafe ohne Verschulden des Verurteilten nicht eingebracht werden konnte. Dabei ist es selbstverständlich, daß die Auswirkungen der Straftat selbst in diesem Zusammenhang nicht als „verschuldet" gelten. Der bedingte Nachlaß ist ausgeschlossen, wenn der Rechtsbrecher seit

Verhängung der Geldstrafe eine weitere strafbare Handlung begangen hat, derentwegen eine bedingte Strafnachsicht zu widerrufen gewesen wäre.

Dieser Vorschlag der Regierungsvorlage ist weithin auf Ablehnung gestoßen: Es sei unerträglich, daß eine unbedingt ausgesprochene Strafe späterhin in eine bedingte verwandelt werde; die Frage des Verschuldens lasse sich nicht klären; der Arbeitsaufwand könne nicht bewältigt werden; der Richter werde dadurch so sehr überfordert, daß es für ihn naheliegen könne, von vornherein in die Freiheitsstrafe auszuweichen. Dem ist im grundsätzlichen entgegenzuhalten, daß dort, wo eine unbedingte Geldstrafe verhängt wurde, eine Freiheitsstrafe vielleicht bedingt genügt hätte, ja, daß die Verhängung einer Geldstrafe zeigt, daß eine Freiheitsstrafe nicht nötig war. Der Verurteilte soll aber nicht deshalb, weil er die Geldstrafe ohne sein Verschulden nicht zahlen kann, einer Strafe verfallen, die ihrer Art nach nicht angemessen ist. Es muß ein Ende haben, daß der Reiche zahlt, aber der Arme sitzen muß. Freilich: Nach der nun vorgeschlagenen Regelung muß der Reiche zahlen, während der Arme letztlich verschont bleibt. Aber das ist das geringere Übel; denn es widerfährt dabei keinem zu viel oder kriminalpolitisch Verfehltes. Die Vollstreckung der Ersatzfreiheitsstrafe gibt der kurzen Freiheitsstrafe Raum.

Sicherlich soll vor allem dafür gesorgt werden, daß die Geldstrafen bezahlt werden. Dem soll die Bewilligung von Aufschub und Raten dienen. Da das Existenzminimum im Tagessatz nicht berücksichtigt ist und die Geldstrafen nach dem Entwurf bis zu 360 Tagessätzen gehen, müssen Raten auf einen Zeitraum von mehr als einem Jahr verteilt werden können. Das wird vorzusehen sein. Im übrigen könnte man statt der bedingten Nachsicht der Ersatzfreiheitsstrafe das Abarbeiten der Geldstrafe oder deren Nachlaß erwägen. Das Abarbeiten wäre an sich die beste Lösung. Die Erfahrung scheint jedoch zu beweisen, daß die verwaltungstechnischen Voraussetzungen dafür nicht in angemessener Weise geschaffen werden können. Das Nachlassen der Geldstrafe wäre mit demselben Arbeitsaufwand verbunden wie ihre bedingte Nachsicht und ginge im Ergebnis über den Vorschlag der Regierungsvorlage noch hinaus.

E.
Zu den vorbeugenden Maßnahmen

Über die vorbeugenden Maßnahmen wäre ihrer Bedeutung nach ähnlich ausführlich zu berichten wie über die Strafen. Das ist hier nicht möglich. Tatsächlich bietet der österreichische Entwurf auf diesem Gebiet vergleichsweise wenig.

a) Freiheitsentziehende Maßnahmen

An freiheitsentziehenden Maßnahmen hat die Strafgesetzkommission nur die Einweisung in Anstalten für geistig abnorme Rechtsbrecher, in Entwöhnungsanstalten und in Sicherungsverwahrung vorgesehen. Auf die Voraussetzungen soll hier nicht eingegangen werden. Sie sind so gefaßt, daß die Verhältnismäßigkeit gewährleistet ist. Die Palette ist, nach internationalen Maßstäben gemessen, eher dürftig. Aber es besteht vorerst kein Bestreben, sie bunter zu gestalten. Die vorgesehenen drei Einrichtungen sind für Österreich neu; es hat insoweit einen großen Rückstand aufzuholen. Das stellt erhebliche sachliche Anforderungen. Man wird froh sein müssen, wenn ihnen in naher Zukunft genügt werden kann. Überdies kann man bei manchen Sondereinrichtungen zweifeln, ob sie besser als Maßnahmen oder als Sondervollzug der Strafe organisiert werden sollen. Wenn man mit einer von der Schwere der Tat bestimmten zeitlichen Begrenzung auskommen kann, ist das rechtsstaatlich vorzuziehen. Das Arbeitshaus, die einzige freiheitsentziehende Maßnahme des geltenden Erwachsenenstrafrechts, soll nicht übernommen werden. Soweit es für Rückfallverbrecher vorgesehen ist, werden seine Aufgaben durch die Strafverschärfung bei Rückfall, durch die Sicherungsverwahrung und in gewissem Umfang auch durch die Verwahrung zwar zurechnungsfähiger, aber geistig abnormer Rechtsbrecher in für sie bestimmten Anstalten übernommen. Soweit das Arbeitshaus gegenwärtig für Bettler, Landstreicher, Dirnen usw. vorgesehen ist, hat schon die Strafrechtskommission die Verhältnismäßigkeit verneint. Die Unverbesserlichkeit solcher gemeinlästiger Personen muß eben hingenommen werden. Der Entwurf sieht auch keine gerichtliche Strafbarkeit dieser Verhaltensweisen vor. Man dachte an die Abgabe in das Verwaltungsstrafverfahren. Die verfassungsmäßige Zulässigkeit wird freilich im Hinblick auf die Europäische Konvention zum Schutze der Menschenrechte und Grundfreiheiten noch besonders zu prüfen sein.

Das Verhältnis von Strafen und freiheitsentziehenden vorbeugenden Maßnahmen wird nach dem System des Vikariierens geregelt. Das war sehr umstritten, aber auch die Regierungsvorlage 1968 hat daran festgehalten. Allerdings nicht für die Sicherungsverwahrung. Die Regierungsvorlage 1971 bezieht sie wieder ein. Das ist einerseits zur Entlastung des Strafvollzuges, andererseits in Österreich vielleicht auch zur vollen Ausnutzung der Verwahrungsanstalten zweckmäßig. Daß der Rechtsbrecher durch das Vikariieren und das damit verbundene Entfallen des Strafvollzugs begünstigt werden könne, wird zwar immer wieder behauptet, ist aber eine durchaus wirklichkeitsfremde Vorstellung.

b) Andere Maßnahmen

An nicht freiheitsentziehenden vorbeugenden Maßnahmen sind für die Dauer von Probezeiten Weisungen und Bewährungshilfe vorgesehen. Auflagen wurden als verkappte Nebenstrafen verstanden, die gegen das Bestimmtheitsgebot verstoßen, und daher nicht vorgesehen. Etwas wie die Führungsaufsicht im Anschluß an den Vollzug der Freiheitsstrafe, wenn eine bedingte Entlassung mangels günstiger Prognose nicht gewährt werden konnte, kannten die österreichischen Entwürfe nie, obwohl der Gedanke viel für sich hat. Die Möglichkeit der Strafverschärfung wegen Rückfalls bietet keinen Ersatz.

Rechtsfolgen sollen nur Verurteilungen zu einer ein Jahr übersteigenden Freiheitsstrafe nach sich ziehen. Entscheidend ist also auch hier die konkrete Schwere der Tat, nicht ihre abstrakte Qualität als Verbrechen. Die Strafrechtskommission sah nur den Verlust der Beamtenstellung und der Fähigkeit, Beamter zu werden, begrenzt auf fünf Jahre, vor. In weiterem Verlauf kamen akademische Grade sowie öffentliche Würden und Ehrenzeichen hinzu. Diese Erweiterung erfüllt keine Sicherungsfunktion, sondern kann nur vom Gedanken der Unwürdigkeit aus begründet werden. Sie ist nicht zu begrüßen, läßt sich aber kaum noch rückgängig machen.

Zu Landesverweisung und Führerscheinentzug schwankte die Einstellung der Entwürfe. Die Strafgesetzkommission sah die Verweisung aus dem Bundesgebiet, nicht jedoch die Entziehung des Führerscheins vor, der Entwurf 1964 verzichtete auf beide Maßnahmen, die Entwürfe 1966 und 1968 sahen beide vor. Die Regierungsvorlage 1971 hat sie wieder gestrichen. Beide Maßnahmen können nach geltendem Recht von den Verwaltungsbehörden selbständig verhängt werden. Eine Doppelkompetenz schien entbehrlich. Weiter wäre es dem Gericht nicht möglich, das Entfallen der Gefährlichkeit festzustellen, gegen die sich die Maßnahme richtet. Auf feste Fristen abgestellt, wären sie systemfremd und würden sich einer Nebenstrafe annähern. Die Konstruktion einer befristet unwiderleglich präsumierten Gefährlichkeit befriedigt nicht. Als Nebenstrafe wurden die beiden Einrichtungen schon von der Strafrechtskommission abgelehnt, weil sie den Rechtsbrecher ja nach seinen Lebensumständen zu verschieden träfen.

c) Tilgung und beschränkte Auskunft

Im Anschluß an diesen kurzen Hinweis zu den Maßnahmen einige ebenso kurze Bemerkungen zu Tilgung und beschränkter Auskunft. Die Vormerkung im Strafregister dient ja nicht nur der Strafjustiz für die richtige Beurteilung des Rechtsbrechers bei Rückfall, sondern auch einem Informationsbedürfnis der Allgemeinheit oder doch bestimmter Stellen im Hinblick auf die Vertrauenswürdigkeit.

In Österreich gibt es seit 1918 die volle Tilgung, die den Verurteilten in jeder Beziehung, auch den Strafverfolgungsbehörden gegenüber, unbescholten sein läßt. Die Entwürfe haben diese Einrichtung übernommen, die kürzeste Tilgungsfrist (Verurteilung nur zu einer Geldstrafe) jedoch von drei auf fünf Jahre verlängert und damit der Rückfallsfrist angepaßt. Ergänzend wurde das Institut der beschränkten Auskunft vorgesehen, das es bisher nur im Jugendgerichtsgesetz gibt. Danach darf die Vorstrafe nur Strafverfolgungsbehörden im Verfahren gegen den Vorbestraften selbst oder wegen Taten, an denen er beteiligt war, mitgeteilt werden. Im übrigen darf sich der Vorbestrafte – auch vor Behörden – als unbescholten bezeichnen. Bei besonders geringfügigen Verurteilungen sahen die Entwürfe die beschränkte Auskunft schon unmittelbar ab der Verurteilung, ohne jede Zwischenfrist, vor. Das ist auf Widerstand gestoßen, kriminalpolitisch aber sicher richtig.

Die Regierungsvorlage 1971 hat die Materie aus dem Strafgesetzentwurf gelöst. Sie wurde auf die Möglichkeiten der EDV hin gestaltet. Dazu mußten die Voraussetzungen vereinfacht und veräußerlicht werden. Der große Gewinn ist jedoch die Tilgung kraft Gesetzes. Nach Zutreffen der im Strafregister ersichtlichen Voraussetzungen geschieht die Tilgung durch Löschung im Strafregister, ohne daß es eines gerichtlichen Beschlusses bedürfte. Der Betroffene kann davon nicht verständigt werden, weil seine Anschrift oft nicht bekannt sein wird. Er kann jedoch – wie jedermann – nach dem Strafregistergesetz 1968 eine Strafregisterbescheinigung verlangen und gegebenenfalls die Feststellung beantragen, daß die aufgenommene Verurteilung zu löschen sei. Die Entscheidung der Verwaltungsbehörde kann beim Verwaltungsgerichtshof angefochten werden.

F.
Zwei Fragen des Besonderen Teils

Auf Fragen des Besonderen Teils soll nicht mehr eingegangen werden. Nur zwei gegenwärtig besonders aktuelle Fragenkreise seien berührt: Verkehrsstrafrecht und Abtreibung.

a) Verkehrsstrafrecht

Das österreichische Strafrecht hat bisher keine Sonderbestimmungen für Straftaten im Straßenverkehr. Die allgemeinen Tatbestände zum Schutz von Leib und Leben gegen fahrlässige Beeinträchtigungen werden auch auf Vorkommnisse im Straßenverkehr angewendet. Das Lenken eines Kraftfahrzeuges in Trunkenheit unterfällt denselben Bestimmungen wie z. B. die Vornahme einer Operation oder das Bedienen einer als Gefahrenquelle in Betracht kommenden Maschine in einem solchen Zustand; die Fahrerflucht erfüllt denselben Tatbestand wie das Imstichelassen einer Person, die der Täter bei einer Jagd schuldhaft verletzt hat. Dabei soll es auch in Zukunft verbleiben. Die einschlägigen Bestimmungen der Regierungsvorlage 1971 sind durch das Strafrechtsänderungsgesetz 1971 im wesentlichen vorweggenommen. Eine in den Entwürfen bis 1968 vorgesehene Sonderbestimmung gegen Berauschung im Verkehr ist folgerichtig ausgeschieden worden. Man will kein gerichtliches Sonderstrafrecht gegen Kraftfahrer. Übertretungen gegen Verkehrsvorschriften sollen wie bisher durch die Verwaltungsbehörden geahndet werden. Auch darüber werden vermutlich noch Diskussionen entstehen.

b) Behandlung der Abtreibung

Die Abtreibungsfrage wird gegenwärtig in Österreich ebenso wie in der Bundesrepublik in weiter Auffächerung diskutiert. Zwischen den extremen Positionen völliger Freigabe und des Bestehenbleibens auf der eng gefaßten medizinischen Indikation des geltenden Rechts stehen sich Fristenlösungen und Indikationenlösungen gegenüber. Die Strafrechtskommission hat sich – wie schon gesagt, wenigstens in der ersten Lesung fast einstimmig – für eine Indikationenlösung entschieden, die sich – unter den damals bestehenden Verhältnissen durchaus realistisch – auf eine Neufassung der medizinischen Indikation beschränkte. Darüber hinaus war für die Schwangere – und für einen Arzt, der die Indikation leichtfertig und zu Unrecht angenommen hat – ein Absehen von der Bestrafung in besonders leichten Fällen vorgesehen. Demgegenüber wollten konservative Kreise am Wortlaut des geltenden Rechtes festhalten. Im Bestreben um einen Kompromiß näherten sich die Entwürfe schrittweise ihm wieder an. Die Regierungsvorlage 1968 übernahm ihn in der Indikationenfrage unverändert.

Die Regierungsvorlage 1971 greift im wesentlichen auf die Vorschläge der Strafrechtskommission zurück. Aus den besonders leichten Fällen sind „besonders berücksichtigungswürdige Umstände" geworden.

Vergleicht man die österreichische Regierungsvorlage mit dem jüngsten Referentenentwurf des Bundesministeriums der Justiz, so zeigt sich weitgehende Übereinstimmung. In der Fassung der Indikationen ist in Österreich der Vorschlag enger, in der Heranziehung der besonders berücksichtigungswürdigen Umstände dagegen weiter.

An Indikationen wird nur die medizinische anerkannt. Sie ist gegenüber dem geltenden Recht etwas erweitert. An die Stelle der Gefahr für das Leben oder eines dauernden schweren Schadens an der Gesundheit ist eine ernste Gefahr für das Leben oder die Gesundheit getreten. Diese Formulierung hatte der Nationalrat bereits zum Entwurf 1927 vorgeschlagen. Entsprechend dem Vorschlag der Strafrechtskommission hebt die Regierungsvorlage 1971 ausdrücklich hervor, daß bei der Frage, ob eine solche Gefahr besteht, neben den körperlichen und seelischen Eigenschaften der Schwangeren auch die Umstände zu berücksichtigen sind, unter denen sie zu leben gezwungen ist, und daß gegebenenfalls auch zu prüfen ist, ob die Angst der Schwangeren, ein unheilbar sieches Kind oder ein Kind zu gebären, das durch eine gewaltsame Schwängerung erzeugt worden ist (die Strafrechtskommission hatte auf eine verbrecherische Schwängerung abgestellt), eine ernste Gefahr für ihre seelische Gesundheit begründet. Die soziale, die – wie man nun sagt – kindliche und die ethische Indikation sind also nicht anerkannt, sondern kommen nur insoweit in Betracht, als die Auswirkung in die medizinische Indikation hineinragt. Der Sache nach handelt es sich insoweit mehr um eine Klarstellung als um eine Erweiterung.

Die besonders berücksichtigungswürdigen Umstände werden unter dem Blickpunkt der Zumutbarkeit zu sehen sein. Aber sie kommen nicht nur der Schwangeren, sondern jedem zugute, der sich durch diese Gründe zur Mitwirkung bestimmen ließ. Soweit sie ihn wegen eines persönlichen oder sachlichen Zusammenhanges ähnlich wie die Schwangere selbst betreffen, trägt der Gedanke der Zumutbarkeit auch hier. Im übrigen wird man einen Strafausschließungsgrund anzunehmen haben. Die rechtspolitische Erwägung ist die, daß die Schwangere nicht durch das Gesetz dem Pfuscher zugetrieben werden soll. Deshalb sollen der Arzt und alle, die in diesem Zusammenhang beteiligt waren, straffrei bleiben. Beim diffusen Ineinandergleiten der Mitwirkungen ließe sich eine klare Grenze in der Praxis kaum ziehen. So wird die Straffreiheit schlechthin auf alle Mitwirkenden erstreckt. Freilich mit einer Ausnahme, die den rechtspolitischen Grundgedanken bestätigt: Wer den Eingriff, ohne Arzt zu sein, vorgenommen hat, bleibt wegen Abtreibung strafbar.

Sicher kann man zweifeln, ob die Regelung ihren Zweck erreicht. Wenn die Handlung rechtswidrig bleibt und die Grenze des Strafaufhebungsgrundes nicht sehr eindeutig gezogen ist, wird sich der Arzt nicht leicht zur Mitwirkung bestimmen lassen, zumal die rechtswidrige Handlung standesrechtlich vielleicht Nachteile nach sich ziehen kann. Für die Schwangere wird es hinwiederum keinen wesentlichen Unterschied machen, ob sie gerechtfertigt oder nur entschuldigt ist. Wenn ich daraufhin angesprochen werde, muß ich einräumen, daß in den Fällen der Unzumutbarkeit oder des Strafausschließungsgrundes Notwehr zugunsten der Leibesfrucht denkbar ist.

Es ist vorauszusehen, daß sich um den Vorschlag des Entwurfs 1971 eine ähnliche Diskussion entwickeln wird wie um den letzten Referentenentwurf des Bundesministeriums der Justiz. Die einen werden „zu viel", die anderen werden „zu wenig" sagen. Die Regierungsvorlage ist von vornherein als Kompromißvorschlag aufzufassen. Die erläuternden Bemerkungen verweisen gerade hier auf die Aufgabe des Parlaments. Mit Recht heben sie übrigens hervor, daß vom Problem der Schwangerschaftsunterbrechung nicht nur der Strafgesetzgeber angesprochen wird. Die entscheidende Schlacht muß auf anderen Feldern des Soziallebens geschlagen werden. Wenn man gerne davon spricht, daß die strafrechtliche Regelung flankierender Maßnahmen bedarf, hat der Bundesminister für Justiz demgegenüber gelegentlich sehr plastisch formuliert, daß in Wahrheit das Strafrecht nicht mehr als eine flankierende Maßnahme bieten könne.

Damit zum Schluß. So ungebührlich lang die Ausführungen geraten sind, konnten sie doch nur einige der Probleme aufzeigen, die man im Parlament und in einer breiteren Öffentlichkeit behandeln wird. Man kann nur hoffen, daß die Regierungsvorlage in dieser Legislaturperiode verabschiedet werden kann. Pessimisten werden darauf verweisen, daß wir in Österreich nun nicht weiter sind, als wir 1867, 1874, 1912, 1927 und schließlich auch 1968 waren: Eine Regierungsvorlage ist eingebracht. Optimisten können aber wohl mit gutem Grund sagen, daß die Voraussetzungen nie so günstig waren wie jetzt.

Zusammenfassung

Im Jahre 1954 wurden die damals schon ein Jahrhundert andauernden Bemühungen um ein neues Strafgesetzbuch in Österreich wieder aufgenommen. Sie führten von einem Kommissionsentwurf über zwei Ministerialentwürfe und eine Regierungsvorlage 1968 (Alleinregierung der ÖVP) zur Regierungsvorlage 1971 (Alleinregierung der SPÖ). Die Entwicklung bis 1968 gab Wesentliches vom Reformbestreben der Strafrechtskommission preis. Die Regierungsvorlage 1971 ist dagegen reformfreudiger, als es die Strafrechtskommission war. Der deutsche Alternativentwurf 1966 und die beiden Reformgesetze 1969 hatten darauf Einfluß, wurden jedoch nicht kopiert.

Wie alle österreichischen Entwürfe, enthält auch die Regierungsvorlage 1971 Definitionen von Vorsatz und Fahrlässigkeit. Die Begehung durch Unterlassung wird ähnlich wie im zweiten Reformgesetz behandelt; das Gleichwertigkeitserfordernis wird herausgestellt. Für den Rechtsirrtum wird im Sinne der Schuldtheorie darauf abgestellt, ob er „vorzuwerfen" ist. Dafür werden Kriterien angegeben. Die Zurechnungsunfähigkeit wird etwas vorsichtiger als durch das zweite Reformgesetz erweitert. Die Beteiligungsformen werden nach dem System der Einheitstäterschaft erfaßt, eine Beteiligung im Sinne „versuchter Beihilfe" aber gleichwohl straflos gelassen. Alle diese Bestimmungen wurden in der Entwicklung der Entwürfe wiederholt umgeformt. Der absolut untaugliche Versuch soll entsprechend der oft bekämpften Tradition der österreichischen Rechtsprechung auch weiterhin straflos bleiben.

Die österreichische Strafrechtsreform hat es vermieden, auf einem bestimmten Menschenbild aufzubauen. Auch die Regierungvorlage 1971 läßt dem bekenntnishaften Grundverständnis freien Raum. Die Schuld läßt sich, insbesondere nach der – allerdings umstrittenen – allgemeinen Strafzumessungsregel, als negative Abweichung der Willensbildung eines Verantwortlichen von der eines maßgerechten Menschen deuten. Die beispielsweise genannten Strafzumessungsgründe sind pragmatisch ausgewählt. Wiederholter Rückfall aufgrund der gleichen schädlichen Neigung soll die Überschreitung des Strafrahmens um die Hälfte ermöglichen. Die a. o. Strafmilderung wird beibehalten. Eine Herabsetzung der Strafrahmen bei verminderter Zurechnungsfähigkeit, Versuch usw. ist daher auch weiterhin entbehrlich. In verschiedenen Zusammenhängen (Wahl zwischen Freiheits- und Geldstrafe, Verhängung einer kurzen Freiheitsstrafe, Straflosigkeit besonders leichter Fälle, bedingte Strafnachsicht und bedingte Entlassung) stellt die Regierungsvorlage darauf ab, ob der schärfere Zugriff geboten ist, „um den Rechtsbrecher von weiteren strafbaren Handlungen abzuhalten oder um der Begehung strafbarer Handlungen durch andere entgegenzuwirken" (Erforderlichkeitsklausel). Die für die bedingte Strafnachsicht vorgesehene Regelung ist durch ein Strafrechtsänderungsgesetz 1971 im wesentlichen vorweggenommen worden. In Zukunft sollen in besonders günstigen Fällen jedoch Strafen nicht nur bis zu einem, sondern bis zu anderthalb Jahren bedingt nachgesehen werden können. Besonders leichte Fälle (geringe Schuld, keine oder nur unbedeutende Folgen, Bestrafung auch nach der Erforderlichkeitsklausel nicht geboten) werden durch einen materiellrechtlich konstruierten Strafausschließungsgrund mangels Strafbedürfnisses straffrei gestellt; das jedoch nur für schon ihrer Art nach leichte Delikte (Strafdrohung nicht über sechs Monate, darüber hinaus einige namentlich genannte Deliktstypen). Alles das ist umstritten.

Die Geldstrafe soll in Zukunft auch in Österreich nach Tagessätzen zugemessen werden. Die Bemessung ist genauer bestimmt als nach dem zweiten Reformgesetz. Ein Freibetrag für den eigenen Unterhalt ist nicht vorgesehen: Das Tagessatzsystem wird dadurch schärfer vom Gedanken einer „Laufzeitgeldstrafe" abgehoben. Die Praktiker haben große Bedenken. Vielleicht wird die Regelung im Zuge der parlamentarischen Arbeit an die bundesdeutsche angenähert. Ein Tag Ersatzfreiheitsstrafe soll zwei Tagessätzen entsprechen.

Statt einer Freiheitsstrafe von nicht mehr als sechs Monaten ist nach der Regierungsvorlage auf Geldstrafe zu erkennen, wenn nicht die „Erforderlichkeitsklausel" entgegensteht. Sie läßt der kurzen Freiheitsstrafe mehr Raum als die bundesdeutsche *ultima-ratio*-Klausel. Andererseits ist der Anwendungsbereich der Bestimmung größer; auf dem Weg über die a. o. Strafmilderung kommt sie bei allen Strafdrohungen außer solchen, die auf mindestens zehn Jahre oder lebenslange Freiheitsstrafe lauten, in Betracht. Auch diese Regelung ist umstritten, aber trotz beachtlicher Bedenken zu bejahen. Eine Geldstrafe in der Höhe des Gewinnes oder ein Verfall des Gewinnes sind nicht vorgesehen.

Die Ersatzfreiheitsstrafe ist nach der Regierungsvorlage bedingt nachzusehen, wenn die Geldstrafe ohne Verschulden des Verurteilten uneinbringlich ist; anders nur, wenn er seit der Verurteilung eine strafbare Handlung begangen hat, derentwegen eine bedingte Nachsicht zu widerrufen wäre. Der

Vorschlag wird wegen des Arbeitsaufwandes, aber auch deshalb bekämpft, weil danach der Reiche zu zahlen hätte, während den Armen kein Strafübel träfe. Dennoch ist die Regelung zu begrüßen, denn sie belastet niemanden mit einem unangemessenen oder kriminalpolitisch verfehlten Strafübel und genügt dem spezialpräventiven Bedürfnis.

An freiheitsentziehenden Maßnahmen sieht die Regierungsvorlage nur die Einweisung in eine Anstalt für geistig abnorme Rechtsbrecher (auch für zurechnungsfähige Abnorme), in eine Entwöhnungsanstalt oder in Sicherungsverwahrung vor. Mit den Freiheitsstrafen sollen diese Maßnahmen – auch die Sicherungsverwahrung – vikariieren.

Die Rechtsfolgen der Verurteilung hängen nicht von der abstrakten Art, sondern nur von der konkreten Schwere der Tat ab und sind gegenüber dem geltenden Recht sehr beschränkt. Landesverweisung und Führerscheinentzug sollen nach einer schwankenden Entwicklung der Entwürfe den Verwaltungsbehörden überlassen bleiben.

Für Delikte im Straßenverkehr sollen nach der Regierungsvorlage ebenso wie nach dem geltenden Recht die allgemeinen Fahrlässigkeitsstrafandrohungen gelten (also kein gerichtliches Sonderstrafrecht für Kraftfahrer). Verstöße gegen Verkehrsvorschriften werden von den Verwaltungsbehörden geahndet. Die einschlägigen gerichtlichen Strafdrohungen wurden durch das Strafrechtsänderungsgesetz 1971 bereits neu gestaltet.

Die Abtreibungsfrage wird in Österreich unter denselben Gesichtspunkten wie in der Bundesrepublik leidenschaftlich diskutiert. Die Regierungsvorlage sieht eine gegenüber dem geltenden Recht erweiterte, rechtsvergleichend beurteilt aber doch eher noch enge Indikationenlösung vor, darüber hinaus Straffreiheit bei besonders berücksichtigungswürdigen Umständen.

Summary

In 1954 efforts at a new penal code for Austria that had been going on for more than a century were taken up again. These efforts led to a draft of a penal law commission, to two drafts of the Ministry of Justice, to a government bill of 1968 (one-party government of the ÖVP – the Austrian People's Party –) and finally to the government bill of 1971 (one-party government of the SPÖ – the Socialist Party of Austria –). In the course of the development of the matter up to 1968 essential achievements of the reform efforts were abandoned. The government bill of 1971, however, is in many ways more open to reforms than the former drafts of the penal law commission. The West German alternative draft of 1966 and the two Reform Acts of 1969 had some influence on the 1971 bill but were not copied.

As all Austrian drafts, the government bill of 1971, too, defines among others the terms "premeditation" and "negligence". Committing a crime by ommission to act is dealt with in a similar way as in the second Reform Act; the requirement of equivalence (Gleichwertigkeitsklausel) is emphasized. A person can – according to the "Schuldtheorie" – be charged with an error in law only when the error is not excusable. Criteria for the decision whether such an error in law is excusable or not are supplied by the bill. Criteria qualifying a lack of penal responsibility are slightly extended in comparison to the second Reform Act. The forms of being a party to crime are covered by the system of "Einheitstäterschaft" (all persons in any way involved in a crime – no matter whether they actually commit it or whether they are also present in order to aid whilst it is being committed or merely by abetting – are indiscriminately classed together by the law as being alike "principals" in the offence); participation in "attempted aiding and abetting", however, is not punishable. All these regulations were modified and changed several times at the various stages of the drafts. In case of blank impossibility an attempt shall not be punished according to the much contested tradition of Austrian jurisdiction.

The Austrian penal reform has avoided giving a specific view of man's nature. The government bill gives full scope to a basic understanding of any conviction. Guilt can be interpreted – in particular according to the general rule of fixing the sentence to be imposed (a rule also controversial), as a negative deviation of the intention of a responsible person from that intention of a man who is familiar with all values protected by the law ("maßgerechter Mensch"). The grounds – given as examples – upon which punishment is based have been chosen pragmatically. A repeated relapse into crime due to the same criminal inclination allows the maximum sentence to be exceeded by half. Special mitigation of punishment is retained. In future a reduction of the minimum sentence in case of diminished responsibility, in case of attempt, etc., will thus be unnecessary, too. In some cases (the choice between a fine and imprisonment, exemption from punishment in petty cases, suspended sentence and conditional release) the government bill starts from the consideration whether or not a tougher treatment of the case is deemed to be necessary in order to "restrain the offender from committing a crime". The regulation concerning suspended sentences was anticipated in essential points by the "Strafrechtsänderungsgesetz 1971". According to the government bill a sentence up to 18 months (as opposed to one year by the present regulation) may be suspended. Special petty cases (trivial guilt, no or negligible damage, punishment not required, not even according to the "Erforderlichkeitsklausel") shall not be punished at all. They are according to the rules of substantial law construed as reasons which exclude punishment because there are no interests in punishment involved. This, however, shall not apply to insignificant offences only (sanction not exceeding six months and certain types of offences specially listed). All these regulations are controversial.

In future, also in Austria the fine will be fixed in daily fines. The determination of the daily fine is regulated more clearly than by the second Reform Act. No allowance is granted to the delinquent's subsistence. Judges are critical of this reform. This regulation may very well be adapted to the West German regulation in the course of parliamentary proceedings. One day of imprisonment in default of payment is to correspond to two daily fines.

According to the government bill a fine instead of imprisonment of not more than six months is to be imposed in all those cases in which objections cannot be construed by the "Erforderlichkeitsklausel". This gives broader scope to shorter imprisonment than the West German "ultima-ratio-Klausel". On the other hand this regulation is applicable in a wider scope. By means of mitigation of punishment in exceptional circumstances the regulation can be applied to all offences for which at least a ten years or life imprisonment is laid down in the law. This regulation, too, is subject to controversy, but it is to be accepted despite considerable doubts. A fine amounting to the profit gained by the crime or the forfeiture of the profit itself is not provided.

Imprisonment in default of payment is to be suspended – according to the government bill –, if the fine cannot be recovered from the person sentenced provided the latter is not responsible for that default in payment. This regulation, however, cannot be applied, if the person after his conviction has committed another criminal act because of which the suspension of the sentence had to be revoked. This proposal is contested not only because of the work it involves but also because of the fact that the rich would have to pay whereas the poor would get off without punishment. Still this regulation is acceptable because it does not put the burden of inadequate punishment or punishment incompatable with criminal policy on anybody and because it meets furthermore the requirements of special prevention.

As to preventive measure of detention the government bill only provides the confinement in centres for mentally disabled offenders (even if they are held responsible), the detention in rehabilitation centres for drug addicts and alcoholics or the preventive detention. These measures of detention shall substitute imprisonment if they are pronounced in the same sentence.

The legal consequences of the conviction do not depend on the abstract description of the crime given by the law but depend on the grievous circumstances under which the crime had been committed. These consequences turn out to be of a very restricted nature compared with the law in force. Expulsion from Austrian territory shall be pronounced by administrative authorities. They shall also be in charge of any revocation of driving licenses.

The government bill provides – as it is done by the present law – that the general penalties for negligence shall be applied in all cases of driving offences (i.e. a special criminal code for motorists is not established). These penalties which were to be imposed by courts only have already been revised by the "Strafrechtsänderungsgesetz 1971". Offences against Road Traffic Regulations are punished by administrative authorities.

The question of abortion is subject to emotional discussions and the problem is dealt with in the same way as in West Germany. The government bill provides for abortion with impunity on medical grounds. This is compared with Austria's present penal code a broader, in comparison with other penal codes a rather narrow solution. Furthermore impunity is granted in cases that require special consideration.

Résumé

En 1954 après un siècle d'efforts les travaux pour un nouveau code pénal pour l'Autriche étaient résumés. Ils menaient à un projet de loi d'une commission, à deux projets ministériaux, à un projet de loi présenté par le gouvernement en 1968 (gouvernement unicolore de la ÖVP – parti populaire Autrichien) et un projet de 1971 (gouvernement unicolore de la SPÖ – parti socialiste Autrichien). Le développement jusqu'en 1968 abandonné des points essentiels des efforts réformateurs faits par la Commission du Code Pénal. Le projet de loi du gouvernement de 1971 parcontre est plus favorable à la réforme que celui de la Commission du Code Pénal. Le projet alternatif allemand de l'année 1966 et les deux lois de réforme de 1969 exerçaient une certaine influence mais ils n'étaient pas copiés.

Comme tous les projets de lois autrichiens ce projet de gouvernement de 1971 contient des définitions de termes telque «préméditation» et «négligence». L'acte criminel par «ommission» a été traité de façon similaire à la deuxième loi de réforme; ou souligné l'importance de «l'équivalence» (Gleichwertigkeitserfordernis). En ce qui concerne l'erreur dans le sens de la théorie de culpabilité (Schuldtheorie) le critère est la question si l'erreur peut être reprochée au délinquant. Des critères en sont spécifiés. La notion de «manque de responsabilité» a été élargie de façon plus prudente que dans la deuxième loi de réforme. Les formes de participation sont traitées selon la système de la «Einheitstäterschaft». La participation dans le sens de »complicité tentée par assistance» a été exemptée de la punition.

Toutes ces régulations avaient été changées à plusieurs reprises pendant le développement des projets de loi. La tentative absolument propre à rien restera sans punition selon la tradition souvent contestée de la jurisdiction autrichienne.

La réforme autrichienne du code pénal a évité de construire une certaine vue de la nature de l'homme. Le projet du gouvernement de 1971, lui-aussi, laisse l'espace libre pour une notion basée sur toute conviction. La culpabilité – spécialement selon la règle générale pour mesurer la punition – peut être interprêtée comme une déviation négative de la formation de la volonté de celle du «maßgerechter Mensch» (un homme familiarisé avec les valeurs protégées par la loi). Les mesures de punition mentionnées ont été choisis de façon pragmatique. La récidive répétée causée par la même inclinaison nuisible doit rendre possible l'excès de la peine maximale par la moitié. L'attennation speciale de peine n'a pas été abandonnée. Une réduction de la peine minimale dans les cas de capabilité de discerner réduite, de tentative etc. restera superflue. Dans des contextes différents (choix entre peine privative de liberté et amende, courte privation de liberté, impunité dans des cas mineurs, suspension conditionnelle de l'exécution de la peine et congédiement conditionnel) le projet de loi du gouvernement met en cause la question si la mesure la plus sévère est nécessaire pour «empêcher le délinquant de commettre de nouveaux délits ou s'il faut répondre aux actes criminels des autres» (Erforderlichkeitsklausel). Le règlement prévu pour la remise de peine conditionnelle a été anticipé en principe par la «Strafrechtsänderungsgesetz 1971». Dans l'avenir il est prévu que dans des cas particulièrement légers des peines non seulement d'un au mais même jusqu'à ans et demi pourront être remises. Des cas négligeables (culpabilité reduite, suites inexistantes ou insignifiantes, punition selon la «Erforderlichkeitsklausel» n'est pas nécessaire) sont exempts de la peine. Cela se justifie par des circonstances excluant la peine selon une construction juridique de droit matériel. Ce raisonnement est valable seulement pour des délits mineurs (comminatiore jusqu'à six mois, aussi délits spécifiés verbatim). Tout cela est contesté. Dans l'avenir le montant de l'amende sera mesuré par journées d'amende. La fixation de la peine est déterminée plus précisement que dans la deuxième loi de réforme. Une solde disponible pour le propre entretien n'est pas prévue. Ainsi la système des «journées d'amende» (en cas d'amende irrécouvrable) est distingué plus nettement de l'idée de la «Laufzeitstrafe». En pratique cette solution a laissé certains doutes. Il est possible qu'en cours des travaux parlementaires le règlement sera assimilé à celui trouvé en Allemagne Fédérale. Une journée d'emprisonnement substituant la peine d'amende devrait correspondre à deux journées. Selon le projet de loi du gouvernement le jugement doit être une amende plutôt qu'une peine de détention en cas de commination au dessous de six mois (inclusivement) si la «Erforderlichkeitsklausel» le permet. Cela rend la peine réduite de détention plus fléxible que la «ultima-ratio-Klausel» valable en Allemagne Fédérale. D'autre part l'applicabilité de ce règlement est élargie. A travers l'atténuation spéciale elle est tenue en considération pour toutes comminatiore sauf celles qui exigent une détention à perpétuité ou de dix ans au moins. Ce règlement est discuté mais il faut l'approuver malgré à les doutes considérables. Une peine d'amende portant sur le montant du gain ou l'écluance du gain n'est pas prévue. Selon le projet de loi du gouvernement la peine de détention substituée sera suspendu sous la condition que l'amende est irrécouvrable sans la faute du condamné. Ce n'est pas le cas après la condamnation le condamné a commis un nouvel acte criminel pour lequel une remise de peine serait révocable. Cette proposition a été critiquée à cause de l'inconvénience mais aussi parceque le riche devrait payer où le pauvre n'aurait pas de peine. Pourtant il faut favoriser ce règlement car il n'affecte personne d'une peine inéquitable, injustifiable, et en plus, il convient au but d'empêcher le délinquant respectif de commettre d'autres délits (Spezialprävention).

En ce qui concerne les peines privatives de liberté le projet de loi du gouvernement prévoit seulement le placement des délinquants aliévés dans un asyle d'aliévés (cela vaut de la même façon pour les abnormes responsables), dans un centre de déshabituation ou l'internement préventif. Les peines de détention y inclu l'internement préventif peuvent être substituées par ces mesures. Les suites légales de la condamnatiore ne dépendent pas de critères abstraits mais de la gravité concrète du délit en question. Elles sont très limitées en comparaison avec la loi en force. Après un développement oscillant l'expulsion du territoire national et le retrait du permis de conduire devraient être dans la compétence des autorités administratives. Selon le projet de loi du gouvernement comme dans la loi en force les règles générales concernant la «négligence» seront aussi appliquées aux délits de la Route (i.e. il n'y aura pas de droit spécial appliqué par les cours pour les automobilistes). Des délits contre le Code de la Route seront persécutés par les autorités administratives. Les peines respectives étaient déjà réformées par la «Strafrechtsänderungsgesetz 1971». Le problème de l'abortion est en train d'être discuté en Autriche avec la même passion qu'en Allemagne Fédérale. Le projet de loi du gouvernement prévoit une solution concernant l'indication qui est plus large que dans la loi en force mais qui – jugée du point de vue d'autres systèmes légales – reste assez limitée. Dans certains cas exigeant une considération particulière l'impunité est prévu dans le projet de loi du gouvernement.

Veröffentlichungen
der Arbeitsgemeinschaft für Forschung des Landes Nordrhein-Westfalen
jetzt der Rheinisch-Westfälischen Akademie der Wissenschaften

Neuerscheinungen 1965 bis 1972

Vorträge G Heft Nr.		GEISTESWISSENSCHAFTEN
61	*Ulrich Scheuner, Bonn*	Die Neutralität im heutigen Völkerrecht
101	*Ivor Jennings†, Cambridge (England)*	Die Umwandlung von Geschichte in Gesetz
120	*Eleanor von Erdberg-Consten, Aachen*	Kunst und Religion in Indien, China und Japan
122	*Franz Wieacker, Göttingen*	Zum heutigen Stand der Naturrechtsdiskussion
123	*Bernhard Kötting, Münster*	Der frühchristliche Reliquienkult und die Bestattung im Kirchengebäude
124	*Günther Stökl, Köln*	Das Bild des Abendlandes in den altrussischen Chroniken
125	*Joseph Höffner, Münster*	Selbstverständnis und Perspektiven des Zweiten Vatikanischen Konzils
126	*Jost Trier†, Münster*	Wortgeschichten aus alten Gemeinden
127	*Herbert Dieckmann, Cambridge (USA)*	Die künstlerische Form des Rêve de D'Alembert
128	*Hans Welzel, Bonn*	An den Grenzen des Rechts. Die Frage nach der Rechtsgeltung
129	*Paul Mikat, Düsseldorf*	Das Verhältnis von Kirche und Staat im Lande Nordrhein-Westfalen in Geschichte und Gegenwart
130	*Ernst Langlotz, Bonn*	Die kulturelle und künstlerische Hellenisierung der Küsten des Mittelmeers durch die Stadt Phokaia
131	*Harry Westermann, Münster*	Das Verhältnis zwischen Bergbau und öffentlichen Verkehrsanstalten als Gegenstand richterlicher und gesetzgeberischer Bewertung
132	*Werner Schulemann, Bonn*	Die Kunst Zentralasiens als Ausdrucksform religiösen Denkens
	Walther Heissig, Bonn	Tibet und die Mongolei als literarische Provinzen
133	*Tilemann Grimm, Bochum*	China und Südostasien in Geschichte und Gegenwart
134	*Peter Berghaus und Karl Schneider, Münster*	Anglo-friesische Runensolidi im Lichte des Neufundes von Schweindorf (Ostfriesland)
135	*Benno von Wiese, Bonn*	Goethe und Schiller im wechselseitigen Vor-Urteil
136	*Gotthard Günther, University of Illinois (USA)*	Logik, Zeit, Emanation und Evolution
137	*Karl Heinrich Rengstorf, Münster*	Die Re-Investitur des Verlorenen Sohnes in der Gleichniserzählung Jesu Luk. 15, 11-32
138	*Gerhard Gloege†, Bonn*	Die Todesstrafe als theologisches Problem
139	*Joseph Ratzinger, Tübingen*	Das Problem der Dogmengeschichte in der Sicht der katholischen Theologie
140	*Herbert von Einem, Bonn*	Masaccios „Zinsgroschen"
141	*Karl Gustav Fellerer, Köln*	Klang und Struktur in der abendländischen Musik
142	*Joh. Leo Weisgerber, Bonn*	Die Sprachgemeinschaft als Gegenstand sprachwissenschaftlicher Forschung
143	*Wilhelm Ebel, Göttingen*	Lübisches Recht im Ostseeraum
144	*Albrecht Dihle, Köln*	Der Kanon der zwei Tugenden
145	*Heinz-Dietrich Wendland, Münster*	Die Ökumenische Bewegung und das II. Vatikanische Konzil

146	*Hubert Jedin, Bonn*	Vaticanum II und Tridentinum
147	*Helmut Schelsky, Münster*	Schwerpunktbildung der Forschung in einem Lande
	Ludwig E. Feinendegen, Jülich	Forschungszusammenarbeit benachbarter Disziplinen am Beispiel der Lebenswissenschaften in ihrem Zusammenhang mit dem Atomgebiet
148	*Herbert von Einem, Bonn*	Die Tragödie der Karlsfresken Alfred Rethels
149	*Carl A. Willemsen, Bonn*	Die Bauten der Hohenstaufen in Süditalien. Neue Grabungs- und Forschungsergebnisse
150	*Hans Flasche, Hamburg*	Die Struktur des Auto Sacramental „Los Encantos de la Culpa" von Calderón Antiker Mythos in christlicher Umprägung
151	*Joseph Henninger, Bonn*	Über Lebensraum und Lebensformen der Frühsemiten
152	*François Seydoux de Clausonne, Bonn*	Betrachtungen über die deutsch-französischen Beziehungen von Briand bis de Gaulle
153	*Günter Kahle, Köln*	Bartolomé de las Casas
154	*Johannes Holthusen, Bochum*	Prinzipien der Komposition und des Erzählens bei Dostojevskij
155	*Paul Mikat, Düsseldorf*	Die Bedeutung der Begriffe Stasis und Aponoia für das Verständnis des 1. Clemensbriefes
156	*Dieter Nörr, Münster*	Die Entstehung der *longi temporis praescriptio*. Studien zum Einfluß der Zeit im Recht und zur Rechtspolitik in der Kaiserzeit
157	*Theodor Schieder, Köln*	Zum Problem des Staatenpluralismus in der modernen Welt
158	*Ludwig Landgrebe, Köln*	Über einige Grundfragen der Philosophie der Politik
159	*Hans Erich Stier, Münster*	Die geschichtliche Bedeutung des Hellenennamens
160	*Friedrich Halstenberg, Düsseldorf*	Nordrhein-Westfalen im nordwesteuropäischen Raum: Aufgaben und Probleme gemeinsamer Planung und Entwicklung
161	*Wilhelm Hennis, Freiburg i. Br.*	Demokratisierung — Zur Problematik eines Begriffs
162	*Günter Stratenwerth, Basel*	Leitprinzipien der Strafrechtsreform
	Hans Schulz, Bern	Kriminalpolitische Aspekte der Strafrechtsreform
163	*Rüdiger Schott, Münster*	Aus Leben und Dichtung eines westafrikanischen Bauernvolkes — Ergebnisse völkerkundlicher Forschungen bei den Bulsa in Nord-Ghana 1966/67
164	*Arno Esch, Bonn*	James Joyce und sein *Ulysses*
165	*Edward J. M. Kroker, Königstein*	Die Strafe im chinesischen Recht
166	*Max Braubach, Bonn*	Beethovens Abschied von Bonn
167	*Erich Dinkler, Heidelberg*	Der Einzug in Jerusalem. Ikonographische Untersuchungen im Anschluß an ein bisher unbekanntes Sarkophagfragment Mit einem epigraphischen Beitrag von Hugo Brandenburg
168	*Gustaf Wingren, Lund*	Martin Luther in zwei Funktionen
169	*Herbert von Einem, Bonn*	Das Programm der Stanza della Segnatura im Vatikan
170	*Hans-Georg Gadamer, Heidelberg*	Die Begriffsgeschichte und die Sprache der Philosophie
171	*Theodor Kraus, Köln*	Die Gemeinde und ihr Territorium — Fünf Gemeinden der Niederrheinlande in geographischer Sicht
172	*Ernst Langlotz †, Bonn*	Der architekturgeschichtliche Ursprung der christlichen Basilika
173		Jahresfeier am 10. Mai 1971
	Hermann Conradt, Bonn	Staatsgedanke und Staatspraxis des aufgeklärten Absolutismus
174	*Tilemann Grimm, Bochum*	Chinas Traditionen im Umbruch der Zeit
175	*Hans Erich Stier, Münster*	Der Untergang der klassischen Demokratie
176	*Heinz-Dietrich Wendland, Münster*	Die Krisis der Volkskirche — Zerfall oder Gestaltwandel?
177	*Gerhard Kegel, Köln*	Zur Schenkung von Todes wegen
178	*Theodor Schieder, Köln*	Hermann Rauschnings „Gespräche mit Hitler" als Geschichtsquelle
179	*Friedrich Nowakowski, Innsbruck*	Probleme der österreichischen Strafrechtsreform

ABHANDLUNGEN

WA Band Nr.		
9	*Harry Westermann, Münster*	Welche gesetzlichen Maßnahmen zur Luftreinhaltung und zur Verbesserung des Nachbarrechts sind erforderlich?
10	*Hermann Conrad † und Gerd Kleinheyer, Bonn*	Vorträge über Recht und Staat von Carl Gottlieb Svarez (1746–1798)
11	*Georg Schreiber †, Münster*	Die Wochentage im Erlebnis der Ostkirche und des christlichen Abendlandes
12	*Günther Bandmann, Bonn*	Melancholie und Musik. Ikonographische Studien
13	*Wilhelm Goerdt, Münster*	Fragen der Philosophie. Ein Materialbeitrag zur Erforschung der Sowjetphilosophie im Spiegel der Zeitschrift „Voprosy Filosofii" 1947–1956
14	*Anton Moortgat, Berlin*	Tell Chuēra in Nordost-Syrien. Vorläufiger Bericht über die Grabung 1958
15	*Gerd Dicke, Krefeld*	Der Identitätsgedanke bei Feuerbach und Marx
16a	*Helmut Gipper, Bonn, und Hans Schwarz, Münster*	Bibliographisches Handbuch zur Sprachinhaltsforschung, Teil I Schrifttum zur Sprachinhaltsforschung in alphabetischer Folge nach Verfassern — mit Besprechungen und Inhaltshinweisen (Erscheint in Lieferungen: bisher Bd. I, Lfg. 1–7; Lfg. 8–15)
17	*Thea Buyken, Bonn*	Das römische Recht in den Constitutionen von Melfi
18	*Lee E. Farr, Brookhaven, Hugo Wilhelm Knipping, Köln, und William H. Lewis, New York*	Nuklearmedizin in der Klinik. Symposion in Köln und Jülich unter besonderer Berücksichtigung der Krebs- und Kreislaufkrankheiten
19	*Hans Schwippert, Düsseldorf, Volker Aschoff, Aachen, u. a.*	Das Karl-Arnold-Haus. Haus der Wissenschaften der Arbeitsgemeinschaft für Forschung des Landes Nordrhein-Westfalen in Düsseldorf. Planungs- und Bauberichte (Herausgegeben von Leo Brandt †, Düsseldorf)
20	*Theodor Schieder, Köln*	Das deutsche Kaiserreich von 1871 als Nationalstaat
21	*Georg Schreiber †, Münster*	Der Bergbau in Geschichte, Ethos und Sakralkultur
22	*Max Braubach, Bonn*	Die Geheimdiplomatie des Prinzen Eugen von Savoyen
23	*Walter F. Schirmer, Bonn, und Ulrich Broich, Göttingen*	Studien zum literarischen Patronat im England des 12. Jahrhunderts
24	*Anton Moortgat, Berlin*	Tell Chuēra in Nordost-Syrien. Vorläufiger Bericht über die dritte Grabungskampagne 1960
25	*Margarete Newels, Bonn*	Poetica de Aristoteles traducida de latin. Ilustrada y comentada por Juan Pablo Martir Rizo (erste kritische Ausgabe des spanischen Textes)
26	*Vilho Niitemaa, Turku, Pentti Renvall, Helsinki, Erich Kunze, Helsinki, und Oscar Nikula, Åbo*	Finnland — gestern und heute
27	*Ahasver von Brandt, Heidelberg, Paul Johansen, Hamburg, Hans van Werveke, Gent, Kjell Kumlien, Stockholm, Hermann Kellenbenz, Köln*	Die Deutsche Hanse als Mittler zwischen Ost und West
28	*Hermann Conrad †, Gerd Kleinheyer, Thea Buyken und Martin Herold, Bonn*	Recht und Verfassung des Reiches in der Zeit Maria Theresias Die Vorträge zum Unterricht des Erzherzogs Joseph im Natur- und Völkerrecht sowie im Deutschen Staats- und Lehnrecht
29	*Erich Dinkler, Heidelberg*	Das Apsismosaik von S. Apollinare in Classe
30	*Walther Hubatsch, Bonn, Bernhard Stasiewski, Bonn, Reinhard Wittram, Göttingen, Ludwig Petry, Mainz, und Erich Keyser, Marburg (Lahn)*	Deutsche Universitäten und Hochschulen im Osten
31	*Anton Moortgat, Berlin*	Tell Chuēra in Nordost-Syrien. Bericht über die vierte Grabungskampagne 1963
32	*Albrecht Dihle, Köln*	Umstrittene Daten. Untersuchungen zum Auftreten der Griechen am Roten Meer

33	*Heinrich Behnke und Klaus Kopfermann (Hrsgb.) Münster*	Festschrift zur Gedächtnisfeier für Karl Weierstraß 1815–1965
34	*Joh. Leo Weisgerber, Bonn*	Die Namen der Ubier
35	*Otto Sandrock, Bonn*	Zur ergänzenden Vertragsauslegung im materiellen und internationalen Schuldvertragsrecht. Methodologische Untersuchungen zur Rechtsquellenlehre im Schuldvertragsrecht
36	*Iselin Gundermann, Bonn*	Untersuchungen zum Gebetbüchlein der Herzogin Dorothea von Preußen
37	*Ulrich Eisenhardt, Bonn*	Die weltliche Gerichtsbarkeit der Offizialate in Köln, Bonn und Werl im 18. Jahrhundert
38	*Max Braubach, Bonn*	Bonner Professoren und Studenten in den Revolutionsjahren 1848/49
39	*Henning Bock (Bearb.), Berlin*	Adolf von Hildebrand Gesammelte Schriften zur Kunst
40	*Geo Widengren, Uppsala*	Der Feudalismus im alten Iran
41	*Albrecht Dihle, Köln*	Homer-Probleme
42	*Frank Reuter, Erlangen*	Funkmeß. Die Entwicklung und der Einsatz des RADAR-Verfahrens in Deutschland bis zum Ende des Zweiten Weltkrieges
44	*Reiner Haussherr, Bonn*	Michelangelos Kruzifixus für Vittoria Colonna. Bemerkungen zu Ikonographie und theologischer Deutung
45	*Gerd Kleinheyer, Regensburg*	Zur Rechtsgestalt von Akkusationsprozeß und peinlicher Frage im frühen 17. Jahrhundert. Ein Regensburger Anklageprozeß vor dem Reichshofrat. Anhang: Der Statt Regenspurg Peinliche Gerichtsordnung
46	*Heinrich Lausberg, Münster*	Das Sonett *Les Grenades* von Paul Valéry
47	*Jochen Schröder, Bonn*	Internationale Zuständigkeit. Entwurf eines Systems von Zuständigkeitsinteressen im zwischenstaatlichen Privatverfahrensrecht aufgrund rechtshistorischer, rechtsvergleichender und rechtspolitischer Betrachtungen
48	*Günther Stökl, Köln*	Testament und Siegel Ivans IV.

Sonderreihe
PAPYROLOGICA COLONIENSIA

Vol. I
Aloys Kehl, Köln — Der Psalmenkommentar von Tura, Quaternio IX (Pap. Colon. Theol. 1)

Vol. II
Erich Lüddeckens, Würzburg
P. Angelicus Kropp O. P., Klausen
Alfred Hermann und Manfred Weber, Köln — Demotische und Koptische Texte

Vol. III
Stephanie West, Oxford — The Ptolemaic Papyri of Homer

Vol. IV
Ursula Hagedorn und
Dieter Hagedorn, Köln,
Louise C. Youtie und
Herbert C. Youtie, Ann Arbor (Hrsgb.) — Das Archiv des Petaus (P. Petaus)

SONDERVERÖFFENTLICHUNGEN

Herausgeber: Der Ministerpräsident und der Minister für Wissenschaft und Forschung des Landes Nordrhein-Westfalen – Landesamt für Forschung – — Jahrbuch 1963, 1964, 1965, 1966, 1967, 1968, 1969 und 1970 des Landesamtes für Forschung

Verzeichnisse sämtlicher Veröffentlichungen der Arbeitsgemeinschaft für Forschung des Landes Nordrhein-Westfalen, jetzt der Rheinisch-Westfälischen Akademie der Wissenschaften, können beim Westdeutschen Verlag GmbH, 567 Opladen, Ophovener Str. 1–3, angefordert werden.

GPSR Compliance

The European Union's (EU) General Product Safety Regulation (GPSR) is a set of rules that requires consumer products to be safe and our obligations to ensure this.

If you have any concerns about our products, you can contact us on ProductSafety@springernature.com

In case Publisher is established outside the EU, the EU authorized representative is:

Springer Nature Customer Service Center GmbH
Europaplatz 3
69115 Heidelberg, Germany

Batch number: 10809636

Printed by Printforce, the Netherlands